有趣又好读的
金融学

适来释去◎著

孔學堂書局

图书在版编目（CIP）数据

有趣又好读的金融学 / 适来释去著. -- 贵阳：孔学堂书局, 2025.2. -- ISBN 978-7-80770-653-3

Ⅰ. F830-49

中国国家版本馆CIP数据核字第2024NF8966号

有趣又好读的金融学　　适来释去　著
YOUQU YOU HAODU DE JINRONGXUE

责任编辑：	陈玥希
特约编辑：	石胜利
封面设计：	WONDERLAND Book design 仙境 QQ:344581934
版式设计：	宇菲文化
出版发行：	贵州日报当代融媒体集团 孔学堂书局
地　　址：	贵阳市乌当区大坡路26号
印　　刷：	三河市航远印刷有限公司
开　　本：	710mm×1000mm　1/16
字　　数：	216千字
印　　张：	15
版　　次：	2025年2月第1版
印　　次：	2025年2月第1次印刷
书　　号：	ISBN 978-7-80770-653-3
定　　价：	58.00元

版权所有·翻印必究

前 言

说起金融学,很多人觉得它离自己很远,其实不然。作为反映经济社会生活中资金融汇和流动的一门学科,金融学正广泛地影响着我们的生活。

金融学既是一种认识工具,也是一种分析方法。不论是银行、保险公司、证券公司等金融机构,还是股票、基金、保险、期货等金融产品和金融工具,都在越来越深刻地融入我们的经济生活。

由于每个人或机构掌握的资金的有限性,如何持有和利用好这些资金是摆在每个人和机构面前的难题。金融的魅力在于能够使资金增值。不论是专业投资者,还是普通人士,学好用好金融学原理、金融工具和投资技巧,都是当代社会重要的技能之一。

学习金融学,是为了让我们能够更好地利用资金,从而提高资金的融汇和流动效益,既能提升我们的财商,也能增长我们的财富。

现代生活中,通过学习金融学,能够帮助我们理解、认识和运用金融概念和金融工具,让我们具备参与和开展金融活动的金融思维和金融能力。

金融学既然如此重要,那么我们如何学习金融学呢?随着数学方法的引入,金融学愈显得艰涩复杂,使得很多人打起了退堂鼓。为了让广大读者认识、理解和运用金融学,本书秉持雅俗共赏的风格,运用幽默风趣的语言,通过简要而又准确的论述,帮助读者掌握基本的金融知识点,了解金融现象中的原理和规律，提高金融知识水平。使读者能够有效地参与金融活动，做出科学合理的金融决策，进而提高金融投资的收益。

为了帮助读者更好地把握金融学的基本原理和基本规律，本书结合幽默故事，将艰深复杂的金融概念抽丝剥茧，简化成大众能够理解的简单表述或方法技巧。按照人们的认知规律由浅入深，由概念到实践逐步展开：首先认识金融学的基本概念，然后介绍金融机构，接着分别讨论金融工具、金融原理和金融模型，再后探讨金融市场和金融投资以及金融活动中存在的问题，最后介绍金融市场和金融学发展的趋势。

当前，信息化革命方兴未艾，智能化时代已接踵而至，人类社会的生产和生活方式正以前所未有的节奏迭代发展。金融学亦处于高速发展的阶段，呈现出常变常新的特点。

人们对于金融学的研究、学习和运用永无止境，祝愿每位读者在持续学习中增长智慧，获得收益，促进发展。由于笔者水平及精力有限，错漏之处在所难免，恳请各位读者阅后不吝指正。谢谢！

目录

第一章

概念篇：妙趣横生说透金融学关键词

理性人："我觉得"	002
有效市场：破脸的"股票专家"	006
商业信用：前辈画家	010
社会融资规模：金牌教练的担心	014
风险对冲：嫁不出去的女儿	018
资产泡沫："神奇"的企鹅	021
金融危机：最大的戏法	025

第二章

机构篇：轻松认知金融机构

中央银行：双胞胎孩子	030
政策性银行：专门的赛道	033
商业银行："幸好我是翻译"	036
保险公司：相信	039
证券机构："失败"的显微镜	043
信托公司：当你没来	046
监管机构：加高栅栏	049

第三章

工具篇：举重若轻把握金融产品

股票：稳定	054
债券：如何学习游泳	057
基金：最佳投资时间	061
期权：有进入条件的商店	064
期货：从源头上避险的交易	067
互换：被请客的小提琴家	070
远期合约："40岁都单身，我们就结婚"	073
外汇：激烈的竞争	076

第四章
原理篇：幽默解读金融运行机制

马太效应：任性的房东　　　　　　　　080

金融杠杆：发酵粉的问题　　　　　　　083

购买力平价理论：羊养人　　　　　　　086

市场意志原理：听太太的话没错　　　　090

预期效用理论：有5个女朋友的渣男　　093

前景理论：选错了会吃亏　　　　　　　097

沃尔森法则：失望的投资者　　　　　　100

格雷欣法则：睁一只眼闭一只眼　　　　103

第五章
模型篇：巧妙分析金融活动的利器

财务杠杆率：小心，不要跳得太高　　　108

恩格尔系数：红烧肉的脾气　　　　　　111

采购经理指数：不敢入职的应聘者　　　115

资本资产定价模型：坐"过山车"的农夫　119

期权定价模型：所有人都感觉赚了　　　122

股利贴现模型：安心上班　　　　　　　126

第六章
市场篇：慧眼识别金融市场

确定效应：嫁给只对自己好的男人　　　　　　　　　132

吉芬效应：限量销售　　　　　　　　　　　　　　　135

凡勃伦效应：不讲价的车　　　　　　　　　　　　　138

MM 定理：营养价值没有变化的苹果　　　　　　　　142

零和博弈：偷鸡不成蚀把米　　　　　　　　　　　　145

一价定律："给我一杯同样的咖啡"　　　　　　　　148

三元悖论：不能同时实现的事　　　　　　　　　　　151

第七章
投资篇：让你喜笑颜开的赚钱法则

资产流动：白手起家的富翁　　　　　　　　　　　　156

资本运营：长期保鲜　　　　　　　　　　　　　　　159

多元组合：均衡你的武器火力　　　　　　　　　　　161

虹吸效应：天气预报的概率　　　　　　　　　　　　164

祖鲁法则：闭着一只眼睛射击　　　　　　　　　　　168

阿莱悖论：征兵广告　　　　　　　　　　　　　　　170

趋势交易：新婚夫妇与老夫老妻　　　　　　　　　　173

第八章
问题篇：风趣透析金融学热点

经济衰退："怕浪让我滚"	178
债务危机：投资人"送礼"	182
石油纷争：三个解决方案	185
房地产迷雾：后悔	189
粮食安全：一碗水端平	193
金融调控：什么都没有种	196
金融监管：在舞台上起舞	200

第九章
趋势篇：教你动态把握金融的未来

微观金融学：现在别担心	206
宏观金融学：云建模	208
自由化金融：抓住机会	211
大数据金融：缺游客	214
金融工程学：给鸭子喂肉	217
法律金融学：好好想想	221
普惠金融学：记住更多人	224

参考文献   229

第一章

概念篇：妙趣横生说透金融学关键词

理性人："我觉得"

☺ 幽默故事

投资公司的讨论会上。

投资操盘手 A："我觉得现在应该买入更多的某只股票，这只股票的升值势头一直不错……"

投资操盘手 B："我觉得应该减持这只股票，因为这个行业竞争加剧，利润率下降很快……"

两个人情绪激动，吵得不可开交。

投资经理："我觉得，我该减持的，是你们二位。"

🎤 趣味点评

投资操盘手 A 和投资操盘手 B 因为选择不同的策略而引发激烈的争执。对于这样不进行理性分析而武断决策的员工，投资经理决定解雇（减持）他们。毫无疑问，投资活动盈亏的关键是参与投资活动的人能否尽可能地进行理性操作。如果难以通过理性沟通就投资活动达成一致意见，那么投资结果往往不尽如人意，这是投资者不想看到的结果。

这则幽默故事让我们对"理性人"概念有了较为直观的认知：投资的原则不是盲目逐利，而是要坚持科学和理性投资。也就是说，要认真分析再做出决策，然后采取相应行动，千万不能冲动。如果投资人不能听取他人提供的有益信息，而是意气用事、独断专行，那么他的投资活动就有很大的概率亏损，甚至因此破产。

金融学解读

在金融学中，通常假定投资者在进行投资操作时会保持理性，选择最优的投资策略，做出对自己最有利的决策，这就是理性人假设。

理性人假设是在英国经济学家亚当·斯密提出的经济人假设基础上发展而来的。亚当·斯密提出，人的行为动机都来源于经济目的。也就是说，你去工作是为了赚钱，而学习是为了以后更好地赚钱。在开展各类活动时都考虑经济目的的人称为"经济人"，这是西方经济学理论的前提假设。如果没有获利的动机，实际上就不会产生经济，而从事经济活动的目的就是获利。概括起来，经济人假设是自利，而理性人假设就是理性自利。

正如按照法律确定某人的行为是否违法时，首先需要看此人是否具有民事行为能力，即是否具备做某事的能力。对于投资者而言，如果想通过投资获得收益，就要谨慎地做出投资决策。这要求投资者必须具备成熟的投资头脑，保持理性和克制。对于拿着真金白银进行金融活动的投资者来说，如果不保持理性的原则和态度，而是情之所向、兴之所至，拿着辛苦赚来的钱去投资，自然就会酿成很多悲剧，所以理性人假设被看作金融活动的前提。

从道理上来看，理性人假设并不难理解。但是，真正考验人的从来都不是肚子里的墨水和嘴上的宣言，而是真实的行动。所以说，我们理解和认同理性操作很简单，而真正理性做事却很难。

现实中，很多人因为脑子一热而冲动地进行投资，但是投资不能单纯地靠运气，而是要靠理性分析，天时、地利、人和，各种各样的因素都需要予以适当的考虑。一旦投资失误，遭受重大损失，那就后悔莫及了。

上述故事中的两位投资操盘手，在没有进行全面的数据信息调查和分析的情况下，就草率地做出投资决定，这对于严格控制投资风险的投资经理而言，是无法容忍的，所以投资经理做出了解雇两位投资操盘手的决定。在投资活动中，保持一时的理性很容易，但是持续保持理性很难，却更重要。

当然，金融从业者和投资者也要认识到理性人假设的局限性。正如经济人假设存在消极影响一样，机械的理性会让人们沦为金融交易的工具，变成精致的利己主义者，这是不可取的。

首先，由于人们的学识、经验等各不相同，理性程度也不尽相同。有的人遇到投资收益出现波动时，心情也会随着波动起伏，继而影响其金融活动决策的科学性和市场操作的理性程度，其金融投资的结果可想而知。

其次，理性强调的自利原则并不适用于整个金融市场及金融产品的所有不同环节，因为金融市场不同环节的利益并不趋同，有时甚至相互抵触。比如，借方和贷方的利益就是互斥的，所以从自利的角度考虑，双方利益是无法统一的。这就好比面包店老板制作了 50 个面包，想将面包换成 500 元，并且如愿以偿。可是当老板的孩子想吃苹果时，他只能用卖面包获得的钱去买苹果。也就是说，面包店老板不可能不花钱就获得苹果。他在购买苹果的同时，要让渡用面包换来的资金。

此外，很多人在做计划时一般都能遵守理性原则，但是在实践中往往会抛弃理性，根据自己的喜好随心所欲地行事。这就好比一位立志减肥却从未真正行动的肥胖者，每次进入餐厅前会告诫自己多吃蔬菜、少吃肉，但是当看着琳琅满目的食物时，马上就会直奔烤肉和比萨。这样一来，他就不可能减肥成功。也就是说，人们行事习惯的不稳定性可能会让人们很难始终保持理性，进而做出非理性行为，因此会表现出非理性的特征。

日常应用

正如安全是生命的重要防线，理性就是投资安全的重要防线。那么，怎样做才能算是理性投资人呢？根据诸多经济学家的分析推理，理性人假设具有以下几种显著特征。

1. 独立

理性投资人可以自行做出决定。根据自己掌握的钱财数量，理性投资人对如何投资、获得多少收益具有完全清晰的认识，并且对于可能存在的风险、所要承担的风险程度和应对风险的方案都有明确的考虑。

2. 理性

金融投资需要时刻保持头脑清醒。虽然不用头悬梁锥刺股，但是对于金融市场的细微变化能够进行冷静思考和理性分析，进而做出科学决策，这是理性人假设的基本条件。基于理性原则，金融投资也要避免经验主义和概率主义。也就是说，投资不能单纯地依赖以前的经验来做出决策，就好比不能因为吃过甜粽子就认为所有粽子都是甜的；同样，也不能简单地用抛硬币的方式来决定怎样投资。

3. 自利

不管是盈利还是亏损，投资人都要对自己的金融投资行为负责，并承担相应的结果。每个人都是站在利己的角度来做出金融投资决策的，这表明在金融投资这条单向道上，没有人可以大度地说："谢谢你把我的钱赚走了。"如果亏损了，他只会一边有泪往心里流，一边咬牙切齿地下决心："我一定会赚回来的。"

4. 动态

只有各种经济要素能够在不同市场以较低的成本自由流动时，经济活动才能安全顺利地运行。理性人假设要求人们能够理性地应对金融市场和金融活动的细微变化，并以此为前提，从而正确地做出金融决策。也就是说，要密切关注投资产品的价值变化，并随时准备对投资方案灵活地做出相应的调整。

有效市场：破脸的"股票专家"

😊 幽默故事

老张和号称"股票专家"的老刘是无话不谈的好友。

这天，老哥俩相约到茶室喝茶。

老张："哎哟，哥们儿，你的左脸怎么破了？"

老刘："别提了，我岳父听从我的建议购买的股票跌停了，气得我媳妇差点儿没把我打死。"

老张："那你也被套牢了吧？"

老刘："怎么可能，我可是股票专家。哥们儿，我现在持有的这只股票不错，你赶快买。"

老张："我还是别买了，我怕我媳妇打破你的右脸。"

🎤 趣味点评

投资者在进行股票交易时，特别是在投资碰壁后，往往会迷信投资专家，唯投资专家的话是听，自身缺乏独立自主的分析和判断能力。在此情况下，虽然有可能获得一些收益，但是大多数情况下很难持续获利。上文故事中的老刘建议他岳父买股票时，正是那只股票上涨的时候，所以看起来有利可图。但是大众与市场之间存在一个信息差，等到老刘的岳父购买股票后，这个信息差可能已经不存在了。如果不及时退出，就会出现损失。这从老刘的岳父买的股票跌停了就可以看出来。

股票市场是个有效市场，有相应的经营条件，比如是否获得信息差等。所谓"有效市场"，是指在金融市场中，一旦人们掌握的市场信息都是充分的、平等的，那么就没有人能凭借信息差而获利，这就形成了一种运行充分的市场。

金融学解读

有效市场假说是20世纪初法国数学家和现代金融数学领域奠基人巴舍利耶最早提出的。此后，很多经济学家围绕有效市场假说进行了大量研究，其中贡献最大的是2013年诺贝尔经济学奖得主尤金·法玛。尤金·法玛对股市波动的规律进行了深入研究，并于1970年进一步完善了有效市场假说。

有效市场假说，本质上体现的是对金融市场效率的描述。我们以一个简化的案例来探讨。李女士发现一家餐厅的甜品非常美味，所以经常向别人推荐这家餐厅。于是，很多人向她询问这家餐厅的位置、菜品种类等。但是随着越来越多的人知道这家餐厅，人们每次到这家餐厅用餐都需要排队，同时餐厅的甜品也涨价了。这就形成了一个有效市场，当市场内的信息传递给参与市场行为的人时，其效果就会体现在市场效益和产品价格上。

然而，真正的现实市场和有效市场相比并不一致，因为现实市场内的信息传递效率有时并不高。在很多情况下，我们看到或者听到，有些人因为市场信息优势而赚得盆满钵满，同时也有很多人被那些具有信息优势的人"割韭菜"。

比如，同样是某内容平台的充值会员服务，如果有内部营销优惠渠道的话，同款服务只需要市价的四分之一就可以获得。于是，就会有中间商从内部营销渠道获取货源，再以市价的二分之一甚至三分之二售卖，以此赚取差价。当人们掌握的信息资源不充分时，就会被中间商利用不对称的信息优势来获利。当越来越多的人通过各种渠道知道中间商的"猫腻"时，就会转而向内部营销渠道经理人直接购买相关服务。很多人因此能够以市价的四分之一或者稍微多一点儿的价格获得完整服务。这就会逐步形成充值会员服务的有效市场。

如果不想被"割韭菜"，你就必须不断地丰富自己的市场信息资源，扩大自己获得市场信息的渠道。当你掌握了大量的市场信息资源时，就能以更大的概率来准确地预判金融交易的趋势，获得的收益也将会更多。当人们在一个高度公开和透明的市场中进行交易时，要获取超常的收益就变得不太可能，因为每个人采取的交易策略都大致相同。

当市场高效运转时，以市场信息交互为基础的投资行为就变得更加便利。当一位菜农获得"市场上西蓝花缺货，现在西蓝花能卖个好价钱"的信息后，他会马上从菜地里采摘一些西蓝花，然后运到市场上去卖。这样会比一般情况下卖更多钱。当"市场上西蓝花缺货，现在西蓝花能卖个好价钱"这个消息传开后，就会有更多的菜农种植西蓝花。这时市场上就会形成西蓝花泛滥的情况，而西蓝花的价格就会慢慢降到正常的市场价格水平，甚至还要更低。这就是有效市场在发挥作用。

当信息传递存在不对称优势时，就会转化为市场商品的价格变化。换句话说，金融交易中所需要运用的信息，能够平衡不同利益方之间的收益，使得这些收益能够被广泛接受，以此来维护市场的公正性，确保市场交易能够顺畅实现。

有效市场假说虽然也有很多争议，比如，有人认为市场作用并不总是有效的，这种情况在市场比较孤立或出现垄断时容易发生，但其在现代金融理论中仍然占有重要一席。

日常应用

人们根据市场效率的高低，将有效市场划分为弱式有效市场、半强有效市场和强式有效市场。投资者只有准确预判市场效率，才能够做出科学的投资决策，获得更大的收益。

1. 弱式有效市场

弱式有效市场是指市场的有效性较弱，投资者掌握的信息存在巨大差异。比如在投资操作时，有的人提前获得了大量消息，他就会比其他人更准确地看清未来趋势，从而获得巨大收益。很多时候，一些与企业负责人或者创始团队密切关联的人，都能够及早地做出买入或者卖出的决定，然后利用这个信息差优势来获得投资收益，减少经济损失。

在高度不对称的信息基础上进行交易，弱式有效市场对于掌握较多金融交易信息、具有信息优势的人来说，具有极大的获利空间。而那些掌握较少金融交易信息的人，就会对金融市场的变化后知后觉，导致在金融投资中操作迟滞，收益也会因此降低，甚至亏损。

2. 半强有效市场

从现实情况看，我国的证券交易市场大多数都是半强有效市场，也就是说，信息差距没有那么大，人们的投资成果也差异不大。掌握的信息差不多，所获得的投资结果也会大同小异。问题的关键在于，很多人并不相信自己，反而认为那些"专家"的投资建议更靠谱，实则更容易被套牢。这给我们的启示是，按照一般市场规律进行金融投资，可能比执着于获得信息差优势更靠谱。

3. 强式有效市场

当所能获得的信息和分析出来的结果比较一致时，人们对某些交易的判断就会大致相同，所能做的操作也大体相当，投资收益的差异就被消除了。也就是说，不可能出现超常利润。这就是一种强式有效市场。

当然，有效市场说的是一种市场有效发挥作用的状态，表现为市场利益能够在不断发展和变化过程中获得新的平衡。这就好比果农种植苹果的情形，如果当前苹果品种的市场效益很好，那么大多数果农会选择种这个品种的苹果树。但是当这个品种的苹果价格在市场上不占优势时，果农就会自发地去寻求价格更优的苹果品种。因此，当一个苹果品种变得比较普遍时，一方面它的价格会逐步降下来，另一方面也会被新的苹果品种挤占市场空间。

个人投资时，只有根据市场的交易信息情况，分析市场到底是强有效的、半强有效的还是弱有效的，才能及时准确地做出合理的投资决策，获得最大限度的收益。

商业信用：前辈画家

😊 幽默故事

画家把家里钥匙弄丢了，联系开锁师傅来开门。

画家："开锁需要多少钱？"

开锁师傅拿出收款二维码："200元，你扫码支付，我开锁干活。"

画家以为要用很长时间，谁知他支付账单的声音刚响起，开锁师傅就打开了锁。

第一章 概念篇：妙趣横生说透 金融学关键词

"这哪值 200 元！"画家愤怒地说，"我画一个小时都赚不了这么多钱！"

"是啊。"开锁师傅平静地说，"我当画家的时候也是。"

趣味点评

画家和开锁师傅约定了服务交易的金额。在开锁师傅提供服务的同时，画家如约向开锁师傅支付了服务费。双方在确定自身具备履约能力的前提下订立一份约定，随后画家在"存疑"的情况下，依然履行了约定。这种"疑惑"是画家对开锁师傅专业能力预估的偏差导致的。

交易双方履行约定，是因为双方具有商业信用。现实生活中，进行交易的双方，尽管一方可会在资金周转等方面存在困难，但是依然会履行交易协议的行为，称为遵守商业信用。当然商业信用更多地体现为有能力履行约定，而且真正践行约定的行为。

金融学解读

当今，我们生活在一个信用社会中，生活的各个环节、各个场景都有信用行为和信用现象存在。信用，从社会学的角度来看，具有道德伦理的含义，即言而有信，是一种道德品格；从经济学的角度来解释，是具有偿还性质的特殊经济活动，即偿还契约中约定的内容，是一种经济行为。

社会信用的话题古已有之，自人类活动产生以来就有许多相关记录。然而，商业信用却是在经济活动发展到一定阶段的产物。起初物物交换的阶段，双方首先谈好交换条件，然后再进行交换，并不存在赊欠问题。这时不需要信用来保证交易过程。但是当大量的私有物品涉及交换时，约定赊欠与偿还变得频繁起来，商业信用才变得越来越重要。

随着商业活动的多样化发展，金融活动也越来越多元化。但是，如果人们不能遵守彼此之间的交易约定，那么金融活动就会面临中断、损失和失败等风险。因此，信用作为一种彼此认可的契约逐步发展起来。

举例来说，小王和小李都去市场上用手中的物品交换自己生活需要的物品。如果小王有一只羊，小李有一袋米，他们要进行物品交换。假设一只羊可以换两袋米，如果此时他们缺乏交换的中间媒介——货币，那么他们应该怎么办？

他们想来想去，提出交换物品的条件是，由小李承诺一个月后在同样的地点再给小王一袋米，并让两人共同认识的老张来做见证人。这时他们就依托信用实现了物品交易。一个月后小李将一袋米送给小王，也就是兑现信用。

在商业信用发展的过程中，逐步由实物交易向货币交易转变，信用形态也从个人交易向集体交易转变，同时信用的对象也从以个人为主向银行为主转换。这就带来了商业信用的不断演变和发展，为经济繁荣和金融交易打下了基础。

商业信用的重要功能之一是促进交易，并保证交易双方拥有对等的权利和义务。当然，在具体的金融活动中，信用的职能也更加细化和多元化，比如为贷款提供保证、促进财富的流动和重新分配等。

信用的交易形式逐步由简单的贷款信用形式，衍生出消费信用、银行信用、国际信用等多种形式，这为人类经济活动带来更多的可能性，促进了金融市场的繁荣和金融业的迭代升级。这期间，产生了诸多行之有效的信用工具，促进了商业信用流通。

概括起来，商业信用工具主要分为两类。

1. 短期信用工具

提供信用时长在一年或一年以下的信用工具，称为短期信用工具。主要有银行票据、信用卡等。

银行票据是银行承担付款义务的凭证，分为银行汇票、银行本票、银行支票三类，分别对应银行收到汇款资金后签发汇款、银行见票无条件支付、银行向存款人支付一定金额存款的情形。

信用卡是银行发行的可以用于预支购物、消费和提取现金的卡片。信用卡在持卡人预支使用后，定期由发行银行进行清算，持卡人按照时限偿还欠款。

2. 长期信用工具

提供信用时长在一年以上的信用工具，称为长期信用工具。主要有股票、债券、长期贷款等。

股票是股份公司发给股东的凭证，能够证明股东的身份，股东以此享受股息和红利。股东当然不是一直坐享其成，理论上要真正参与企业的商业活动，因为股东既可能因为股票获利，也可能因之承担损失。同时，股票作为一种永久性证券，只能转让或者抵押给别人，而不能真正退出。

债券是债务人向投资者出具的债务凭证，能够保证到期向投资者支付一定利息和按时偿还本金。债券根据发行主体的不同，可以分为由政府发行的政府债券、由公司发行的公司债券、由金融机构发行的金融机构债券。

长期贷款一般是指由商业银行发放，贷款期限在五年以上的信用。长期贷款的时间越长，说明信用越稳定，因而其利息率也较高。

日常应用

信用是市场，特别是金融市场运行的重要基础。在日常金融活动中，信用无时无刻不在发挥作用，比如贷款，就是凭借信用基础确定贷款额度和还款方式等内容。那么，信用在日常生活中还有哪些应用呢？

1. 信用消费

人们在进行经济或者社会行为时会积累信用,利用信用可以进行信用消费。比如,根据自身的信用状况,申请不同额度的信用卡,或者使用网络第三方支付工具,都是利用信用进行消费支付。

2. 信用投资

利用机构信用或者个人信用来进行投资活动,可以更便利地筹集资金,增加资金流动性,促进投资活动的开展,获得更多的收益。比如,国债投资就是对国家信用的投资,由国家来兑现信用收益,因而其可信度较高。

社会融资规模:金牌教练的担心

☺ 幽默故事

驾校教练对一名学员说:"手动挡的汽车,要控制行驶速度,操作关键是挂挡。"

学员:"教练,汽车行驶速度不是油门控制吗?"

教练:"油门的决定因素是挡位,挡位决定了车速的变化节奏。"

学员在车上胡乱练习了一下挡位,对教练说:"挂挡没什么难的,考试中只要一个前进挡位就够了。"

教练:"挂挡不难,但是你想拿驾驶证就太难了。"

学员:"不怕,这不还有金牌教练你吗?"

教练:"可是你要知道我带的学员是你!"

第一章　概念篇：妙趣横生说透 金融学关键词

🎤 趣味点评

如果做一个简单的类比，把金融体系比作汽车挡位，把实体经济比作汽车油门，那么金融体系和实体经济之间的联系就很好理解：当挡位合理正确的时候，油门才能发挥最大的功用。也就是说，当金融体系能够良好地支持实体经济的发展时，实体经济的发展就会得到促进。

一定时间内车辆能够前进的距离，是由挡位和油门控制的车速来决定的。其中蕴含的金融学概念叫社会融资规模，即一定时间内金融体系能够为实体经济提供的资金总额。这一指标说明金融体系和实体经济的关系需要保持合理状态，否则就要进行适当的调控。

教练和学员对挡位关系的认识有差异，必然会在其后的训练实践中得到统一，如果挂挡有误的话，不仅费油而且行驶效果也不佳。相应地，如果金融体系对实体经济的支持不够合理，则需要采取一定的调整措施。

金融学解读

在过去的金融市场中，实体经济融资主要依靠银行渠道，这就带来了一系列问题，比如借款渠道狭窄导致很多待融资的项目搁置甚至破灭，资金量不足以满足大量的社会融资需求等。

在经济社会转型时期，加之"大众创业，万众创新"带来企业融资的巨大潜力，我国社会融资的总需求在不断增长，实体经济市场对各类金融产品的需求旺盛。

在这样的背景下，国家开始出台政策，鼓励金融创新，开放更多的社会融资方式，让金融通过不同的流转载体为实体经济融资服务，提供更多的融资可能性，拉动实体经济的快速增长，多点开花。

随着实体经济从金融市场获取资金的来源越来越多，形式也越来越丰富，比如可以从股票市场、债券市场等进行融资，这就需要一个新的指标体系反映金融市场与实体经济之间的关系，社会融资规模便成为其中的重要指标。

由于金融体系直接或者间接为实体经济提供资金，社会融资规模的计量也从金融机构贷款，逐步拓展到股票、债券融资等领域，以更加真实客观地反映社会融资的来源和供给情况。

一段时间以来，小A的收入一直未增长，后来他开始想办法提高收入。他在朋友的帮助下，通过兼职、理财等方式将原来的收入增加了一倍。实际上，如果把收入看作社会融资规模，把工资收入看作银行借款的话，在没有其他融资渠道，即没有其他收入时，社会融资规模就只有工资收入一项，而当其他渠道出现时，社会融资规模也就是总收入就相应地增加了。

根据社会融资规模统计指标，我们可以通过分析经济形势以便做出金融投资决策。当社会融资规模总量下降时，往往伴随着物价的降低，这对于挤压经济水分，应对通货膨胀而言很有必要，但同时也会导致经济增速放缓，投资消费水平下降。反过来，当社会融资规模总量上升时，往往意味着物价上升，比如房价的高速增长；当然，同时伴随的还有投资消费的上升，经济增速加快。

由于社会融资规模能在一定程度上反映金融与实体经济的关系，所以社会融资规模越来越被国家经济主管部门重视，并以其作为调控金融体系的重要参考指标。

这里的金融体系是指一个国家所有从事金融活动的组织所形成的整体。一般分为银行和非银行金融机构两类。各国的金融体系一般都是以中央银行为领导核心，商业银行为主体，其他银行和非银行金融机构并存。以中国为例，从机构上来说，覆盖中国人民银行、国家金融监督管理总局、中国证券监督管理委员会管理和指导的所有金融机构。从市场上来看，包括股票市场、债券市场、保险市场、信贷市场等金融市场领域。

同时，随着国家实体经济和金融体系创新的深入和加快，社会融资规模的统计指标也越来越多样化，从而在体现金融体系和实体经济的关系方面不断有新的指标体系，反映的内容也会更加符合时代特征、市场特征和金融特征。

日常应用

社会融资规模是一个综合指标，其对人们参与金融投资具有一定的参考作用。社会融资规模具体主要分为下面两种情况。

1.社会融资规模总量下降

社会融资规模总量下降，意味着货币供应量的下降。此时企业可能更不易获得银行贷款，也将造成企业生产规模难以扩大，相应地，投资潜力还有待发掘。此时，投资股市等获得的收益也不够理想。

2.社会融资规模总量上升

社会融资规模总量上升，意味着货币供应量充足。此时企业更容易获得银行贷款，去扩大生产规模，进而带来股市等投资市场的繁荣。此时投资具有发展潜力的企业股票将是较好的选择。

风险对冲：嫁不出去的女儿

😊 幽默故事

眼看女儿30岁了还单身一人，老李越来越坐不住了。

一天，他对女儿说："作为父亲，我不希望你孤独终老，你应该抓紧时间找一个男朋友。"

女儿说："我自己过得挺好，为什么非得嫁出去呢？"

老李："你不嫁出去，天天影响我和你妈的心情，我们受不了。"

女儿："我不乖巧吗？你们还嫌弃我！你就是打断我的腿我也不嫁。"

老李无奈地叹气道："你别碰瓷，我不打你，你都跟瘫痪在床一样了。"

🎙 趣味点评

面对大龄女儿，老李急在心里。他劝女儿赶快找对象。女儿以"过得挺好"为由拒绝找男朋友。老李女儿摆明了不想嫁的态度：打断腿也不嫁。老李不可能真把女儿的腿打断，因为那样风险更大。经过父女博弈，老李无奈地接受了现状。

正如老李一样，投资者在进行金融活动时，首先想到的是控制风险。因此，金融活动在追求高收益和面对高风险时，往往需要配置一些低风险、低收益的项目，以此来平衡风险，这一举措称为"风险对冲"。

第一章　概念篇：妙趣横生说透 金融学关键词

金融学解读

风险是金融学的一个基础概念，金融活动天然地存在风险。有这样一个例子：一名客户急匆匆地走进银行，要求办理转账业务。大堂经理出于职业习惯，询问客户是否认识转账汇款的收款人。客户说，电商店主让他交押金，以便为他办理退货手续。大堂经理说，退货一般不用交押金。大堂经理建议客户再核实一下情况。客户和大堂经理一起核实了电商平台的交易情况，才发现遇到了电信诈骗。后来大堂经理报警，避免了客户的损失。虽然这是一次商品交易，但是金融活动一样存在风险。风险不仅可能发生在金融产品上，还可能发生在金融活动过程中。

风险对冲就是合理地运用风险来盈利，同时保证风险可控的一种方法。一般是通过投资或购买与标的资产收益波动负相关的某种资产或衍生产品，来冲销标的资产潜在的风险损失。风险对冲实际上就是将风险的极值去掉的过程。因为风险的极值很大，可能会让金融活动的参与者难以承受。在金融活动中，将风险的极值对冲掉，虽然投资可能不会获得非常多的盈利，但是也不会因为较大的损失而面临生存危机。风险对冲可以让投资者保留实力，保有相当数额的金融资产，为后续的金融投资和消费活动提供保证。

认识和应对金融风险，至少要从以下三个方面来把握。

1. 要增强金融风险意识

很多时候我们不是没有注意到风险，而是太过大胆，或者说心存侥幸，感到自己能够躲开风险的重击。殊不知金融风险到来时，征兆往往不够明显，但它终会以摧枯拉朽之势让我们血本无归。这就告诫投资者，要始终做到心中有数，考虑是否能够承担风险，是否能够应对风险发生后的衍生效应。

2. 要加强金融风险预测

只要有金融活动，就会有金融风险。那么，我们是否因为害怕风险就什么也不做呢？显然不是。我们需要科学理性地分析，保证在可控的安全范围内，不将风险变为危险，同时使金融活动获得一些收益。也就是说，我们在进行投资和交易时，需要通过科学准确的分析和预测，保证自己能够抵御风险，即可以承担相应的损失，或者能够接受因此损失而带来的影响。

3. 要平衡和化解风险

我们不会因为害怕风险，就什么也不做，也不会因不惧怕风险，而舍身冒险，那么我们应该如何做呢？或者说，我们如何才能平衡风险，既在风险可控的前提下获得收益，又不会因为风险来临而遭受难以承担的损失？这就涉及风险的化解和应对问题。人们在投资过程中，要精准地把控风险，进行有效的风险管理，其核心是让风险处于可接受或者可控制的范围。

要很好地应对金融风险，就要进行多元化经营，开展组合式投资，这样才能让极端风险得到缓和，让资产和资产收益保持稳定的状态。假如你花1万元购买了某只股票，你当然希望它能够带来收益，并且越多越好。但同时也要认识到它也可能带来亏损，你当然希望损失越少越好，比如你的心理预期是希望本金损失最好小于30%，那么你需要投资其他更加稳健的金融产品，确保风险是可控的。

日常应用

风险对于金融活动而言是残酷的，所以我们必须做好防范和应对金融风险的准备。具体应该从以下两个方面来着手。

1. 选择中低风险的金融产品

金融活动中真正重要的是保持一直在赢，哪怕每次赢得没有那么多。但是，亏损的人往往具有赌徒心态，他们会越陷越深，在持续投入的道路上难以自拔，直接走向连续损失的泥淖中。在金融活动中，要减少风险度高的金融产品投资比例，让那些风险度适中或者风险度低的金融产品作为保底，占据适当的份额，以此来保障收益源源不断。

2. 开展多元化投资

金融产品的可选择性很多，在难以保证全部盈利的情况下，要选择不同盈利率、不同产品形态、不同交易便利度的金融产品来进行投资，这样就会有更多应对突发风险的反应空间。

资产泡沫："神奇"的企鹅

幽默故事

生物老师问同学们："谁能说出一种生活在北极的神奇动物？"

小明："企鹅。"

生物老师："企鹅怎么会生活在北极呢？"

小明："正因为如此，生活在北极的企鹅才神奇啊。"

趣味点评

生活在南极的企鹅根本不会出现在北极，所以小明想象的神奇情形不会发生，虽然这是他的美好希望。在可能与不可能之间做选择，实际上体现的正是资产泡沫发生的过程。所谓资产价格泡沫，是指资产价格特指股票和不动产的价格狂涨，远远超过其真实价值，也就是资产的市场价格超出了由产品和劳务的生产、就业、收入水平等实体经济决定的内在价值相应的价格。

金融学解读

毫无疑问，资产本身是有内在价值的。比如，位于北京的某套房子市价1200万元，那么这套房子作为资产就可以抵用1200万元。

房主拿这套房子抵押贷款时，理论上他可能获贷600万元（一般贷款金额为抵押物市价的60%～70%）。贷款成功后，从明面上看现有资产，房主既有房子这个实体资产，又具有600万元的现金流。实际上，这就是资产泡沫产生的原理。

资产在流转过程中，往往会有很长的延伸运作链条，也就是说资产在进行多重价值转移。

比如甲有1元钱，借给了乙，乙又借给了丙，以此类推，这1元钱产生的资产变化由于相互递进，可能产生了100元的交易额，也就是1元钱的资产可能会变为10元，甚至100元的资产流动。

当少量资产流转时，资产运营数据能够准确地表示资产情况。但是，当巨量资产运转时，资产数据及相关信息迭代增加，很多时候资产运作情况需要运用技术手段来进行分析、判断和决策。由于有时技术手段并不能准确地体现资产的实际情况，资产泡沫就会慢慢地显现出来。

也就是说，资产泡沫主要是资产在流通过程中价值严重偏离实际情况的现象。从根本上看，很多资产在供给上是缺乏的，尤其是优质资产。由于资产的有限性，导致人们利用资产进行增值的冲动和尝试永远也不会停止。

第一章 概念篇：妙趣横生说透 金融学关键词

但是，优质资产也能产生资产泡沫，甚至泡沫的增长空间更大。比如，房地产价格泡沫。某地的新房价格在半年内由每平方米5000元上涨到了8000元，后来因为相关调控政策出台，价格回落到了6000元。

当购房者看到房价一路走高，预感到如果现在不以每平方米8000元价格购房，将来可能需要以每平方米1万元的价格购房时，就会迫不及待地购房。但是，他们没有想到刚交完钱办好手续，房价就跳水，每平方米价格下降了2000元。

除了一些人由于结婚生子等因素购房，属于刚需性购房者外，还有一些人购房是用来投资的。按照他们的设想，以当时的房价增长速度，房价很快就会翻番，他们的收益将达到100%。对于这样的资产增值速度，投资者不可能无动于衷。

由此可以看到，当资产泡沫产生时，投资者为了逐利就会不断增加投资金额。然而，资产泡沫由于有此前积累的资产流通情况作为幌子，其破灭往往难以预料，等到其开始破灭之时，投资者已遭受损失而悔之晚矣。

20世纪90年代，日本用了大约20年成为人均GDP全球第一的国家，不久房地产泡沫来了。泡沫破灭后，日本人均GDP回到了40年前的水平。可见资产泡沫的危害之深，且影响久远。实际上，投资就是一个在负无穷和正无穷之间下赌注的游戏。每位投资者在进行一项金融投资时都有很大的梦想，但是理性分析之后，都会归于较合理的增长预期。正如吹泡泡糖，一开始感觉能吹得很大，后来发现并非越努力泡泡越大。当泡沫刚发生的时候，是人们最开心的时候。然而，当泡沫破裂或者缩小的时候，也是人们伤心或者遗憾的时候。

很多时候投资者会由于巨大的资产增值而欣喜，转瞬可能又要承担资产贬值的痛苦，但是他们依然趋之若鹜。在面对资产泡沫的时候，投资者经常抱有侥幸心理，以为资产泡沫不会破灭，然后掩耳盗铃，沾沾自喜。殊不知资产泡沫总有破裂的那一天，到时投资者就会悔之晚矣。

日常应用

资产泡沫的发生有时不可避免，但并不完全是件坏事。只要我们能够有效地利用资产泡沫，就能因此获益。那么，如何防范、应对和运用资产泡沫呢？

1. 理性投资

资产增值是有一定规律可循的。如果资产增值的速度太快，超出平均水平太多，那么除非利用信息差在泡沫产生的初、中期进行投资，然后适可而止，及时退出市场，既保证了收益又避免了损失，这是最理想的状态。

2. 专业投资

专业的事情，需要专业的人来做。对于连股票大盘怎么变化都看不懂的人，就不要纠结自己是否适合炒股了，更适合聘请专业的理财顾问来帮你进行投资。这样既能保证收益，又释放了大量精力，可以去做其他更有益的事情。

为应对可能出现的资产泡沫破灭，要依托专业力量进行做空、空仓等专业性很强的投资操作，这样才能最大限度地保证收益，降低风险。当然，如果你缺乏专业度很高的能力，尽量不要去尝试做这些专业性高的投资，否则可能会成为无辜的"韭菜"被他人收割。

3. 组合投资

鸡蛋不要放在一个篮子里。面对无限的收益诱惑，在资产经营过程中可以采取多样化经营的方式，通过不同资产形式的组合收益抵消可能出现的风险，对冲掉可能需要面对的损失。毫无疑问，组合投资是资产运营的重要方法，需要投资者好好下功夫研究。

金融危机：最大的戏法

😊 幽默故事

金融家对资本家说："我会变戏法，会让你变得更富有。当然你需要先给我启动资金。"资本家给了金融家一笔启动资金。

金融家对产品生产商说："我会变戏法。我会借钱给你，当然你得给我收益。"生产商开始生产更多的产品。

金融家利用自己控股的企业发行了一种公司债券，对社会上的人们说："我会变戏法，只要你们投资，就可以获得很大的收益。"于是，很多人购买了金融家发行的公司债券。

一开始，大家都有收益，可是后来由于产品生产商过度生产，成本大于收益，资金运转不畅，还不起金融家的钱了。于是，金融家也没有足够的钱去偿还资本家和购买公司债券的人。

大家都去找金融家，金融家依然坚持说："大家相信我，我会变戏法。"

大家异口同声地说："你才是最大的戏法。"

🎤 趣味点评

金融家既向投资者做出承诺，也作为投资者不断地开展其他投资活动。在不断投资的过程中，由于种种原因，可能面临资金中断的情况，因而陷入债务危机。在明知有风险的情况下，金融家向投资者许诺高额的回报，这就为社会投资埋下了隐患。

简单说，幽默故事中金融家的戏法之所以是一种不可持续的戏法，就在于资金流动没有限定条件，造成了资金流通中的"风险"。基于这样的背景，投资者开始推崇理性投资，从而使金融危机最大限度地得以避免或者减缓。那么，我们如何才能看清金融家的戏法呢？毫无疑问，我们需要掌握金融危机产生的前因后果和规律。

金融学解读

金融危机是涉及金融系统的危机，包括金融资产危机、金融机构危机和金融市场危机。

比如，20世纪90年代资本大鳄索罗斯操纵金融机构做空亚洲的一些国家货币，使这些国家面临货币危机，这就是一种金融资产的危机。

金融机构危机是某类金融机构（如银行）出现问题，难以自我转化危机，最终带来的机构倒闭、人员削减等问题。这类问题往往是金融资产危机和金融市场危机衍生出来的。比如，2008年前后全球金融危机，导致大量银行倒闭。

金融市场危机则是某类金融市场出现问题产生的危机。比如，2008年由美国引发进而波及全球的次贷危机，就是房地产领域在推出高风险的次级贷款方面不加以控制，最终酿成难以挽救的系统性、行业性灾难的危机。

金融危机的危害非常大，可能会带来投资、消费等各个经济环节的停滞和衰退，并由此带来银行收紧借贷政策、企业倒闭或减员降薪、社会消费显著下降等情形。

比如，某家外贸型企业在全球金融危机前每年海外订单量稳步增长，企业员工福利越来越好。但在金融危机来临后，海外订单骤降，企业不得已开始裁员，失业的员工越来越多，留下来的员工也被不同程度降薪或增加工作量，诸多员工不得已开始重新找工作。

金融危机往往是多种因素共同作用产生的，可能与金融体制有关，也可能与金融资产情况有关，还可能和经济结构有关，甚至经济全球化、国际分工等外部因素也会导致金融危机产生，而且一旦发生往往会波及经济生活的各个方面。因此，防范和应对金融危机是金融领域的重要课题。

日常应用

金融危机的形成和发展是一个灰犀牛事件，它可能很久不来，但是一旦出现就会以摧枯拉朽的方式影响金融市场。防范和应对金融危机是个系统工程，需要政府、金融机构和社会公众的多方参与，综合运用政策、制度、市场、技术等多元化手段。这里我们列举其中的三项举措。

1. 加强金融监管

当前世界各国都逐步认识到要加强对金融市场和金融机构的监管，包括借贷杠杆率、次级贷款等方面内容。只有通过系统监管，才能使金融市场保持相对健康稳定地运行。

2. 规范金融市场

金融危机的产生，往往与金融衍生品的泛滥有关。很多金融衍生品打着高利润的旗号，吸引大量的投资者参与，从而埋下金融危机的种子。通过规范金融市场，让产品按照合理可控的途径发展，这是预防和应对金融危机的重要途径。

3. 推动金融创新

金融创新能够给金融市场带来繁荣，同时助力于实体经济的发展。但是，金融创新一定要在风险管理上下功夫，在扩张市场的同时预留好应对风险的空间。

第二章

机构篇：轻松认知金融机构

中央银行：双胞胎孩子

😊 幽默故事

有人问一位官员："恭喜您，听说您夫人生了一对可爱的双胞胎，不知道是男孩还是女孩？"

官员想了想："是的，是对双胞胎。不过，好像是一个男孩，还有一个女孩；或者一个是女孩，一个是男孩也说不准。"

🎙 趣味点评

官员看似糊涂，实则心里清楚，男孩和女孩都是他的孩子。他在意的是"孩子"这一本质，而不是男孩或女孩这样的区别。中央银行倡导不同机构开展各种各样的金融活动，这些金融活动对于促进金融发展和经济繁荣都有一定的积极作用，这就像官员因为有了孩子而开心，而孩子是男孩还是女孩，他并不太在意。

至于金融机构、金融活动和金融产品的差异，中央银行并非事无巨细地去管理，而是让这些机构、活动和产品根据市场需求来发展。

📊 金融学解读

我们先来看中央银行的由来。当金融活动越来越频繁，金融资产越来

第二章　机构篇：轻松认知金融机构

多时，国家就需要成立专门机构来管理这些金融资产。中央银行最初产生时，就是为国家管理国库，也就是帮助政府管钱。

为了确保货币流通的便利性和权威性，中央银行开始垄断货币的发行权。当然，中央银行垄断货币发行权是金融市场逐步发展的结果。实际上，一开始各家金融机构都可以发行钞票，哪家机构发行的钞票就由哪家机构来兑换。如果你认同这家机构的钞票，拿它来进行交易或者投资，那么这家机构的钞票就获得货币的职能。

但是，如果这家金融机构倒闭了，这些钞票没有人肯兑换，就可能变成一张张废纸。如此一来，很多百姓就成为"韭菜"，被这样的银行家无情收割。为了避免类似情况的发生，维护货币的权威和稳定，保证交易和投资的正常进行，各个国家都开始建立中央银行，由中央银行统一发行国家货币。

那么，是不是掌握了货币发行权，发行货币越多越好呢？答案是否定的。津巴布韦发行的货币非常多，全国通货膨胀率极高，严重影响了人们的日常生活。可见，货币发行要与经济运行保持同步，不能超出或者低于经济运行资本量太多，否则就会带来通货膨胀或通货紧缩，严重影响人们的日常生活。

为了规避通货膨胀或者通货紧缩现象，目前各国都实行了准备金制度，以此来调节或约束货币的发行量，也就是发行货币的数量与作为保证的准备金相关，使货币总量维持在适度的范围内，以此避免出现货币滥发的问题。

但是，还有一个问题：不同国家的货币如何进行换算？比如，A国1斤土豆需要本国货币1元，而B国购买1斤土豆需要其货币10元，那么，两个国家的货币是否一直按照1∶10的比例进行换算？答案是否定的。当A国的1元货币可以买到1斤土豆，B国需要12元才能购买1斤土豆时，A国和B国的货币换算率需要调整。此时，相对而言A国可以换算更多的B国货币。

一般而言，如果一国的货币升值，说明这个国家的货币购买力旺盛，经济发展形势良好；反之，如果一国的货币贬值，说明这个国家的货币购买力较弱，经济形势有所下滑。这说明，一个国家货币的价值是否稳定，反映了一个国家经济运行的状况，彰显了经济发展的形势，体现的是市场对这种货币的信心。

中央银行发行货币后，会将货币借贷给各类金融机构，特别是银行，运营和管理货币资本，产生更多的资本收益，助力国家经济社会的发展。当然，当这些银行面临金融问题，难以周转运行时，中央银行也会贷款给这些银行，帮其渡过难关。这就带来另一个问题：中央银行如何确保其他银行运营的货币资本能够保值甚至增值？

为了解决这个问题，中央银行开始监管这些银行的金融活动，使其能够稳定安全规范地经营。中央银行履行监管职能一方面是国家政策使然，另一方面是为了维护国家货币的稳定，让货币经营和管理机构规范地引导资本市场，使资本处于健康的运行轨道上。

中央银行可以通过货币来调控国家经济。比如，当经济形势下滑时，中央银行就降低贷款利率，鼓励人们通过借贷发展经济，促进经济的繁荣和发展；当经济形势较好时，中央银行会提高贷款利率，减少市场中的流通资金，避免市场投资过热带来风险，确保经济的平稳发展。

日常应用

根据中央银行发布的存款利率、贷款利率等信息，我们可以判断经济形势，分析金融投资方向，做出合理的金融投资决策，更好地进行金融活动，有效地获取金融收益，降低损失，避免遭受金融风险。

1. 判断经济形势

中央银行发布的金融信息，是反映金融活动的基础信息。这些信息往往蕴含着很高的价值，能够帮助人们确定经济发展的基本情况，然后预测一个阶段内的经济发展形势，为投资、创业、生活打下基础。

2.明确投资策略

在中央银行发布的信息中，也能够体现行业领域或者地区战略的发展方向，我们可以针对不同投资领域的发展趋势做出准确判断，这有助于我们进一步明确投资方向，制定风险可控、确保收益的投资方案。

政策性银行：专门的赛道

😊 幽默故事

王先生和王太太一起去博物馆，王先生显得很不耐烦。

后来他实在忍不住了，对王太太说："终于知道你为何走得慢了，原来你总是停下来看这些东西。"

王太太："看到我们来时那条大街了吗，你应该去和汽车赛跑，一点儿也不耽误你夺冠。"

王先生："瞧你说的，我等着你总行了吧。"

王太太："别等着我，你等着那些汽车就好。"

🎤 趣味点评

王先生喜欢快速行走，甚至跑步，而王太太喜欢安静地观看展览。王太太通过引导，使王先生答应她一起观看展览，但王先生心里一定还有自己的想法。如果按照王先生的想法，他就不会耐心地观看展览。而王太太很喜欢观看展览，这使王先生感到有些无聊。换言之，他们的兴趣并不相同，因而对结果的预期也不一样。这一点与政策性银行和其他金融机构（如商业银行）的不同定位和不同运营目标相似。

所谓政策性银行，就是国家为了保障某些特定领域的政策落地而设置的银行。政策性银行是其他金融机构的补充，政策性银行从事其他金融机构不愿意或者不能投入服务的行业领域。

金融学解读

政策性银行，从字面上理解，就是围绕贯彻执行国家某些政策而设置的银行。显然，政策与国家行为有关，因而政策性银行也必然由国家主导。一个国家的政策体系非常繁杂，政策性银行必然是围绕某些特定领域的政策落地来服务的，因为不可能每项政策都由政策性银行来提供服务和保障。

政策性银行是商业银行的一种补充，能够更加精准地服务于某些特定领域，比如农业开发、进出口贸易、中小企业发展、房地产开发等。可以说，政策性银行与其他金融机构处于不同的赛道，政策性银行能够引导其他金融机构投身它所从事的赛道，让这些行业领域发展得更好，进而助力国家经济社会的发展和繁荣。

政策性银行之所以存在，是因为有一些行业发展慢，开发难度相对较大，或者对于国家经济具有重要意义，而且一般的商业银行为了追求快速盈利而不愿投资这些行业领域，或是商业银行不具备足够的实力去投资这些行业领域。

比如进出口贸易领域，对于一个国家的发展非常重要，是经济发展的"三驾马车"之一。因此，如何保障国家进出口贸易能够便利地进行货币兑换或货币流通等方面的工作，如何维护开展进出口贸易的企业利益，如何承担外贸领域巨大的风险等？一般的商业银行很难投入大量资金和精力去完成这些任务，于是就需要设立开展进出口贸易的政策性银行，比如我国的中国进出口银行、美国的美国进出口银行、日本的日本输出入银行、韩国的韩国进出口银行、法国的法国外贸银行等。这些银行都是为了落实本国进出口贸易政策而设置的政策性银行，都在国家进出口贸易中发挥着独特而重要的作用。

再如，重要基础设施开发领域，虽然经济效益可观，但是投资规模大、投资时间长，资金回收时间也长，种种因素导致一些大型基础设施项目的融资如果没有政策保障很难落地。于是，各国都建立了相应的开发银行，为重要基础设施开发领域进行融资，比如我国的国家开发银行、日本的日本开发银行、韩国的韩国开发银行等。

当然，设立政策性银行的另一个好处是，能够为国家相关领域聚拢一批精通业务的技术人员，这些人员对于相关领域的投资非常熟练，能够推动这些领域的开发。同时，政策性银行通过自身的融资行为，也为商业银行提供一种投资导向，并且可以为这些银行投资进行相应的担保，从而促进商业性资金进入这些领域，带动这些领域的发展和繁荣。

政策性银行的运行，不是靠吸纳社会储蓄，而是由政府提供资金，然后借贷给那些具有政策导向的领域内项目或机构，通过收取微弱的利润来保障这些投资项目的推进，从而形成良好的社会效益。

也就是说，政策性银行并不是以盈利为目标，而是以保障政策落地为导向，这是政策性银行与一般商业银行和金融机构的不同之处。当然，政策性银行也不能发生亏损，而是在保本的前提下，获得微弱的利润。从这个意义上来说，政策性银行与其他金融机构具有相关业务，在金融体系中互为补充，可以说它是这些机构的合作者。

日常应用

政策性银行进行投资，关注的是长期投资，获取的也是长期收益。根据政策性银行的投资方向，准确地把握这些投资领域的产业链企业，特别是上游企业，就能够充分地获得政策红利，带来较好的投资收益。

1. 投资上游企业

一个特定行业的发展，首先发展起来的是产业链上游的企业。当这些企业能够带来大量用户时，那么产业链中下游的企业发展也就具备了基础，因而根据政策性银行的投资方向，投资特定行业领域的上游企业，就有可能成为站在风口上的投资者，获得较好的收益。

2. 投资中下游企业

根据政策性银行的投资领域或行业，通过投资中下游企业，理解利用政策导向进行投资的收益红利，从而布局某个领域的全产业链投资，既能降低面对风险的概率和程度，同时也能保证资源和资本的积聚，进而有可能获得一定的收益。

商业银行："幸好我是翻译"

幽默故事

一位商人来到某地。他销售当地没有的物品，而且他想要收购的当地货物也很少见。由于语言不通，他请了一位翻译。

商人："我的物品100元一件，你问一下他们的货物多少钱肯卖？"

当地人："100元太贵了，80元可以。我们的货物300元一件。"

翻译对商人说："当地人对你的东西不太喜欢，他们只愿意出10元，而他们的货物需要1000元一件。"

商人和当地人不欢而散。翻译分别找到商人和当地人，让他们把货物卖给自己，然后由他与对方进行交易，承诺他们获得的钱不会比他们的预期少。

于是，商人把东西以30元的价格卖给了翻译，翻译转手60元卖给了当地人。当地人的物品以400元的价格卖给了翻译，翻译转手800元卖给了商人。

回家后，翻译对自己的老婆说："幸好我是一名翻译，而不是商人，要不然少赚许多钱！"

趣味点评

翻译充当商人和当地人的中间商，以加价销售的方式，赚得盆满钵满。这和商业银行的角色类似。商业银行也是一种中介，它们以信用为前提，吸纳社会储蓄，然后将资金借贷出去，赚取利息。

通过这样的操作，商业银行逐渐积累了资本，进而能够提供更多的借贷服务，从而获得更多的利润。商业银行归根结底是为了获取商业利益，这就决定了它们的主要业务是围绕货币的商业化，也就是货币的流通和变现来进行。

金融学解读

商业银行，顾名思义，即从事商业存款和借贷服务的银行。或者说，商业银行就是经营货币资本的机构，是金融机构里活力最强、覆盖最广的成员，与普通百姓的生活联系得非常紧密。

比如你有一笔钱，放在自己手里感觉不安全，同时又不会带来收益，那么首先想到的必然是存到商业银行。这样既保证了安全，同时也能赚取一些利息，可以说是一举数得。

当然，如果你缺钱了，想要从一个机构借钱，那么商业银行就可以将别的储户或者自身的资金贷款给你，让你能够获得周转资金，而商业银行则收取利息。可以说，商业银行是现代经济活动的基础角色，它能够保证社会资金快速流通，在货币交易、兑换等过程中起着非常关键的中介作用。

银行的中介作用至少有三个方面的内涵：信用中介、支付中介、服务中介。这些中介类型分别对应商业银行在金融活动中的不同作用，体现了商业银行的主要职能。

1. 信用中介

信用中介，是指商业银行通过自身的信用，也就是普遍的信任感，吸纳社会上大量的闲散资金，既包括百姓的，也包括企业和其他社会机构的，然后通过金融业务将它投入到其他经济活动中，赚取利润与所支付利息的差额，促使资金在社会层面上广泛地流动起来。在这个过程中，商业银行就是货币流通的信用中介，通过资金吸纳和资金放贷等银行业务，既促进资金流通，又不改变资金的所有权。

2. 支付中介

支付中介，是指商业银行代表客户进行支付操作，兑现客户要求的现款。比如，小王在某商业银行存了5万元。某日小王需要向老张支付原材料款2万元。小王没有现金，于是给了老张一张2万元的支票。然后，老张拿着这张支票到这家商业银行取款。此时，这家银行履行的就是支付职能。

3. 服务中介

服务中介，是指企业等社会机构随着货币业务的发展，委托银行代为办理金融服务，比如代为发放工资、代理缴纳其他费用等。很多单位实行公务卡结算，实际上这也是金融服务职能的延伸。

日常应用

商业银行与普通人的联系非常紧密。我们都有银行卡、信用卡，或者手机装有银行 App，这是我们和银行之间业务联系的体现。商业银行常见的金融活动主要有以下三个方面。

1. 负债业务

负债业务，即商业银行通过负债形式来形成资金来源的业务。比如，吸纳社会存款或向中央银行借款等。老百姓将钱存到银行，可以获取一定的利息，而银行通过吸纳社会存款形成资金集聚。

2. 资产业务

资产业务，即银行将通过负债业务获得的资金加以运用的业务。比如，向社会提供贷款。当人们急需用钱时，可以向银行贷款，让银行代为垫付资金，然后人们偿还本金和利息。个人常用到的贷款类型是房贷，也就是买房时让银行支付款项，后期人们通过分期或者约定期限还款的方式偿还本金和利息。

3. 中间业务

中间业务，即不直接使用自己的资金，而是代替客户承办金融事项来收取手续费的业务。比如，开展异地汇款业务或进行银行支票结算等。

保险公司：相信

☺ 幽默故事

王太太急匆匆地走进保险公司，工作人员以为她遭遇了重大理赔情况需要进行处理，他们担心需要赔付大额的保险金额。

王太太对保险公司的工作人员说:"真是太幸运了,你绝对想不到,我先生买的人身保险上月刚生效,今天就遇到有人往他头上丢了一盆花,他都要破相了,哈哈哈……"

保险公司的工作人员礼貌地回答道:"没错,太太,您投资的保险太值了,我们提供的保险非常有用,你始终可以相信我们。"

趣味点评

虽然王太太的先生受了伤,但是她因为兑现了保险依然很开心。这实际上是一种贪小便宜的心态。王太太被微薄的利益吸引,而忘却了最重要的事情——安全。

保险公司遇到这种情况就要马上赔付。保险公司与被保险人签订保险合同,收取保险费,然后给被保险人提供保险服务。

金融学解读

保险本质上是一种风险管理方式,让很多意识到可能存在风险的人,来分摊真正出现风险时带来的损失,这样就能在一定程度上保证风险处于可接受的范围内。保险公司与被保险人是一种合作的经济关系。这种经济关系的起点是很多人面临风险,尽管这种风险出现的概率较低,而一旦出现则事关重大,如果个人单独承担,往往比较吃力。

大家对此有广泛的共识,可以通过社会大众分担来降低个人承担的费用,于是保险公司就让大家分别缴纳一些免受风险的费用。如果没有发生风险,这部分费用也消耗了,实际上这是需要被保险人承担的机会成本。一旦发生风险,保险公司就给予被保险人约定额度的赔偿,作为应对这种风险情况的补偿。

第二章　机构篇：轻松认知金融机构

在这种情况下，很多人愿意花费免受风险的保护费用，当然这些费用相对风险损失来说比例很小。保险公司通过经营免受风险的经济合约，使人们得到保护。

保险公司的业务范围主要涉及人身保险、财产保险两个方面。对人身安全进行保险的业务是人身保险，而对财产进行保险的业务是财产保险。当然，人身保险和财产保险这两项业务还可以细分为很多具体的保险产品。

人身保险，包括人寿保险和人身意外伤害保险。人寿保险是自然条件下对人的生命安全的保障；人身意外伤害保险是偶然意外条件下对人的身体安全进行保障。

财产保险，包括房产、车辆等各类财产的保险品种。同时，财产保险包括责任保险、保证保险等类别，对应的是财产安全权益的保障。

那么，保险公司是如何盈利的呢？保险公司主要从运营、风险预设和投资等三个方面来获得盈利。

1. 运营方面

运营方面，主要因素是保险公司的运营成本，比如场地租金、产品推广费用、员工工资等，这是保险费的主要组成部分。由于人力资源管理等操作，保险公司的实际运营成本往往低于预设成本。

2. 风险预设方面

风险预设方面，主要因素是风险出现的概率和程度。比如人寿保险，假设癌症病人的病死率是50%，保险公司按照这样的概率来制定保险方案；然而，实际情况下癌症病人的病死率可能是30%，那么其中的费用差额就可以为保险公司带来利润。

3. 投资方面

投资方面，主要是保险公司运用被保险人的保险费和公司的自有财产资本来进行投资，以此获取收益。这部分收益并不比运营和风险预设带来的收益少。我们日常接触的大量投资型保险产品，就是根据这个原理设置的。

既然投资型保险是投资产品，就需要考虑风险和成本等因素，进行理性投资。保险公司往往会以某些表面看来具有吸引力的条件来吸引客户购买保险产品，但同时也会在保险合同中设置很多条件。如果你不仔细研究保险条款，或许就会陷入保险公司设置的免责情形之中。

日常应用

我们首先应该明确：保险公司主要是为我们进行风险应对保障。它是一种风险管理平台，而不是最优的投资收益平台。也就是说，保险公司擅长的是风险管理，比如进行财产安全保障，而不是优先进行投资。

1. 进行风险应对保障

在日常生活中，我们需要进行风险管理的情形，主要包括人身安全、意外情况安全、财产安全等各个方面。我们要根据自身的实际情况，做出最优化的保险投资方案，使自己既能获得最高的经济保障，又能将风险控制在最小的范围内。

2. 动态管理保险

对于保险公司提供的保险产品，我们要根据自身情况及时做出调整，这样就会更加灵活和精准地保障风险可控，有针对性地选择合适的保险项目，提高保险投资的效益。

3. 理性进行投资

目前保险公司也开发出一些投资性产品，这些产品对于非专业人士而言，总是抓不住重点和关键，因而也就很难真正保障自己的资金权益。所以我们在进行保险理财投资时，可以寻求保险经纪人的帮助进行理性投资。

证券机构:"失败"的显微镜

😊 幽默故事

有一对兄弟,非常贫困。他俩相依为命。

一天,哥哥终于拿到了工资。他到商场里给弟弟买了一件礼物。

弟弟看到哥哥给自己买的礼物,非常高兴。弟弟一边拆礼物包装,一边问哥哥:"这是什么东西?"

哥哥:"这是显微镜,可以把事物放大 100 倍。你喜欢吗?"

弟弟:"我太喜欢了。我们赶快把家里的钱找出来,让它放大 100 倍。"

🎙 趣味点评

哥哥通过工作赚了一些钱,贫困的兄弟俩都很开心。特别是哥哥还为弟弟买了礼物。弟弟以为哥哥买的显微镜可以将钱的数额变大百倍,实际上这是一场白日发财梦。

有些投资者也像故事中的弟弟一样对投资抱有不切实际的暴富幻想,所以在做出投资决策时不够理性,这就容易导致投资出现亏损。所谓证券机构,就是依法成立从事证券服务业务的金融机构,包括证券交易所、证券公司、证券投资咨询和评估公司等。

金融学解读

证券机构在金融机构体系中占据独特地位。如果企业想融资，要到证券交易所去办理融资申请手续，申请通过后就可以开始相应的融资活动。这就为投资者和募资者搭建了一个桥梁，使得需要资金周转的人能够获得资金，也使得具有富余资金的人能够赚取利润。

毫无疑问，证券交易所能够为借款方和贷款方提供便利条件，不仅包括场所和设施，也包括相应的交易规则。因为如果不设置相应的交易规则，交易过程的公正性、权威性等就难以保障，容易发生赖账现象，很多人的利益就难以获得保证。这不利于整个行业和市场的长期繁荣发展。

互联网时代下，随着电子信息技术的不断发展，证券交易越来越依托电子信息技术来进行，这在一定程度上保证了操作的即时性、公开性和公正性，让证券交易过程得到尽可能的监督，确保证券交易保持良好秩序。

美国小说家欧·亨利写过一篇关于证券经纪人的短篇小说，里面有一段文字特别细腻地描述了证券交易经纪人哈维·马克斯维尔工作场景的画面。小说里描述，他的工作节奏非常快，一会儿转向电话，一会儿转向文件，忙得跳来跳去，连自己昨天刚结过婚都忘了，今天还抽空向他的工作搭档，也就是速记员莱斯利小姐——他的妻子求婚了。

这篇小说读来趣味横生，让人忍俊不禁。实际上，证券交易由于高度依赖经纪人的操作，所以每名受过专业训练的证券经纪人的工作都很高效，但他们的工作量确实很大，因而如何确保投资获益就变得至关重要。是否可以和优秀的证券经纪人合作，成为证券投资成功与否的重要因素。

我国目前主要的证券交易所有深圳证券交易所和上海证券交易所。这两家证券交易所的证券交易活动经过多年的发展越来越成熟，为大量企业进行了融资，开展证券上市和交易活动，也为很多人带来了投资收益。2021 年 9 月成立的北京证券交易所，主要是为创新型中小微型企业（新三板）提供融资上市服务。

证券公司是直接开展证券交易服务的公司，比如接受公司上市的申请，安排公司进行上市，对证券交易进行相应的监督等。随着证券交易越来越频繁，上市公司的数量和规模越来越大，证券公司的发展也驶入快车道，融合化发展、全球化发展的态势日趋明显。

证券咨询和评估公司是从事证券交易咨询和评估的公司。证券咨询和评估公司更多的是承担证券的间接交易，也就是说，它不直接参与证券交易，而是通过信息收集和挖掘，对市场做出相应的分析，为有需要的企业和个人提供证券交易的分析材料，从而辅助投资人做出相应的投资决策。

这些年来，随着国家金融政策体系的完备和健全，证券机构逐渐步入有序发展，业务创新也如雨后春笋般不断地涌现出来，带动了金融市场的繁荣，为实体经济发展注入了更多活力。

日常应用

证券机构是重要的金融机构，它承担的主要业务是进行证券交易，所有证券机构都是围绕证券交易来设置的，因而我们在熟悉证券机构的同时，也要学会通过证券机构进行证券投资。

1. 证券投资咨询

很多证券投资人都习惯根据自己的判断进行投资，这样往往因为掌握的信息不全面、不准确，导致信息获取和分析不到位，所以最好在听取专业的证券咨询和评估公司的投资建议后，再进行投资，才更科学、更有效。

2. 证券投资操作

证券交易所可以进行证券买卖，投资者可以到证券交易所进行开户、买入、卖出等操作，从而实现证券交易，获得投资收益。证券投资市场既复杂又多变，我们很难一下子弄清其中的规律，所以需要在实践中不断地提升市场认识和投资能力。

3. 投资实体产业

根据证券交易所的交易趋势，可以判断行业领域的兴衰，从而进行相应的实体产业投资，开展相关行业的创业，开发相关的设备产品或者服务，进而直接获取经济收益。

信托公司：当你没来

幽默故事

老张经常去免费餐店领取食物。

后来免费餐店开始实行签字领取食物的制度。老张还是经常去领取食物，但是都以不会写字为由拒绝签字。

有一天老张获得一大笔钱，忽然想起来应该给免费餐店捐一些钱。他把钱拿给工作人员后，正打算在签字处签字。

工作人员却把他推出了餐厅，还低声对他说："快走吧，像以前一样，我们就当你没来。"

趣味点评

上述故事中的老张既想占便宜，又不想留名。但是，当他想要留名时，却无法实现。实际上，一个人的信用非常珍贵，它是人际交往的通行证，也是金融活动的通行证。

信托公司就像一个快餐店，虽然不提供免费服务，但是以获得客户的信用而运行的。故事里老张的行为方式或许很难在信托公司持续获利，因为信托公司需要委托投资人，也就是用户自己决定想要什么，责任由自己承担，而不是通过钻空子来获利。

金融学解读

信托公司，是以信任委托为基础，进行货币资金和实物财产的经营管理的公司。信托公司是受托人，委托人将资金或者资产委托给信托公司进行经营或管理，以此获取收益，信托公司根据交易量收取手续费。

信托公司的业务范围非常广泛，除了被限制不能进行常态化的存储放贷业务外，能够进行大部分的金融活动，可以形象地称为"金融超市"。

信托机构可以直接融资，它可以根据委托方的需求筹集资金，这是银行办不到的。银行更像一个中介，它是将存款人存到银行的钱，拿出来再放贷给需要贷款的人，当然银行也可以进行融资，但一般无委托方。

同时，信托机构还可以运营资产，这也是银行所不能覆盖的领域。银行进行的业务是资金的融通，信托机构一般不仅对资金流通和运营有很深的涉猎，而且其在资产运营和管理方面也是长项。

比如，王总监是某家企业的高管，年收入丰厚。他的妻子张女士没有工作，在家带娃，但最近他们夫妇打算离婚。张女士想要孩子的抚养权，王总监再三权衡后同意了。问题的焦点在孩子的抚养费上。王总监害怕张女士将抚养费挪作他用，而张女士害怕王总监再婚后不支付抚养费。于是两人商量设立了300万元的家庭信托资金，由信托公司提供家庭信托服务。在孩子25岁前，信托资金的分配，包括教育、成长、婚恋等方面的支出事项，都要由王总监和张女士共同签字确认。这样，在信托公司的运营下，王总监和张女士都实现了既定的目标。

但是，长期以来，人们对信托机构并不是很认可。因为信托机构参与的金融活动范围更广，使用的金融工具种类更加多样化，这就带来了很多风险，使投资者感到害怕。更加重要的是，政府部门对信托机构的监管难度也很大，这就促使国家加大了对信托业务的管理和监督力度。虽然欧美国家的信托业务非常发达，信托业务已经高度融合到银行业务中，但是在银行内部，信托与借贷等业务也是高度隔阂的。

毫无疑问，信托业务如果运用得好，无论是政府还是投资者都会受益。然而，一旦信托机构出现问题，其带来的危害也是巨大的。因此，加强信托机构的创新发展和科学监管，成为金融领域未来的发展方向。

信托机构的发展一般要经历初创期、成长期、成熟期和巅峰期等四个阶段。这四个阶段代表了信托机构从小到大、由弱到强的发展过程，体现的是信托业务竞争力的不断增强，以及持续获取和留住客户群体。

1. 初创期

初创期的信托机构，其信托业务刚开始起步，相对来说风险较低，当然市场竞争力也很有限。此时，信托机构能吸引的主要是散客，高资产值的客户较少，一般收益比较稳定，能够给客户提供预期的利润。

2. 成长期

成长期的信托机构，其信托业务逐步发展，市场竞争力越来越强，客户类型也越来越多元化，一些高资产值的客户也开始加入，信托业务经验快速积累，客户的忠诚度不断提高。

3. 成熟期

成熟期的信托机构，其信托业务发展成熟，风险处于可控范围，市场竞争力很强，处于行业内具有优势的位置，知名度和美誉度都很高，越来越多的大客户出现，业务体系成熟而多元。

4. 巅峰期

巅峰期的信托机构，其信托业务对比同行具有极强的竞争力，甚至垄断了某些领域的信托业务，能够给大客户提供体系化的信托服务，信托业务收益率得到保证，业务矩阵实力强劲。

第二章 机构篇：轻松认知金融机构

日常应用

投资者根据信托公司的发展状况，结合自身的金融实力和投资意向，在综合考虑的基础上，可以选择适当的信托公司帮助自己进行资本或者资产的管理和投资。

1. 稳妥投资

对于希望进行低风险投资的人，可以选择初创期或者成长期的信托公司。它们在委托投资过程中既能保证给出相对专业的投资建议，也能操作一些比较稳妥的投资项目。

2. 平衡投资

对于希望进行多样化投资的人，建议选择成长期或者成熟期的信托机构。它们具有一定的竞争力，能够为客户提供更便利的投资组合产品，从而获取更多的投资收益，同时也能够保证风险可控。

3. 优化投资

对于目前采取多样化策略进行投资的投资者，建议选择成熟的、信誉好的信托机构规范地进行信托业务，在适当考虑风险的基础上，由信托机构优化投资策略，从而给客户带来较好的回报。

监管机构：加高栅栏

😊 幽默故事

一只小羊和一只长颈鹿是好朋友，它们很喜欢聊天。

一天，动物管理员将小羊关在一个羊圈里，四周有2米高的栅栏围墙。

没想到第二天小羊出来了，在外面和长颈鹿欢快地聊天。

动物管理员觉得栅栏太低了，于是将栅栏增高到了3米。可是第二天，小羊还是出来了。

动物管理员非常紧张，决定将栅栏加高到4米。可是，第三天他还是在外面的草地上看到了小羊。

长颈鹿对小羊说："你说他们会不会再加高栅栏呢？"

小羊说："不知道，可是如果他们不记得把门关上，我还是会出来的！"

趣味点评

动物管理员只记得加高栅栏，却忘记了最关键的部分——将门关好。如果没有关好门，小羊就会一次次地跑到外面去，这与金融活动和金融监管机构的关系类似。毫无疑问，尽管金融监管随着不断发展已日趋完善，然而随着金融市场的发展，金融活动的种类层出不穷，金融监管机构如果不进行严格监管，任其自由发展，将会带来较大的金融风险和不良的社会影响。

金融监管机构就像动物管理员将羊关进羊圈一样，要将金融活动和金融机构纳入严格的监督与管理范围之内，确保金融市场的稳定发展。在此过程中，他们会运用各种方法，即使某些方法可能不管用，但总会发现问题的关键，从而进行必要的操作，以维护金融市场的秩序，筑牢金融安全防线。

金融学解读

毫无疑问，金融行业和其他行业一样也是逐利优先，但是我们不能容忍金融机构和投资者为了逐利而损害大多数人的利益。为了金融安全，国家需要对金融行业持续强化监管。

金融监管是金融监督和金融管理的统称。金融监督是金融监管机构依法

第二章　机构篇：轻松认知金融机构

对金融机构进行监督，确保金融机构、金融市场和金融活动在合法合规的条件下发展。金融管理则是金融监管机构为了确保金融机构、金融市场、金融活动能够正常运行而依法做出的领导、组织、协调和控制等一系列管理活动。

可以说，金融监管事关金融领域的健康发展，也事关金融活动能否处于一个长期稳定、具有良好信誉的经济环境中。那么，应该如何进行金融监管？金融监管的重点方向是什么？这是大众非常关注的问题。

金融监管是个系统工程，不仅包括金融风险的监测，也包括金融风险的防范，还包括金融风险的化解。

当金融风险要出现时，往往有迹可循，比如公司治理是否面临失控。很多时候，当企业股东和经理人出现分歧时，到底如何决策困扰着企业管理层。如果股东太过强势地做出决策，而不采纳经理人的意见，那么经理人对市场的敏锐把握及工作积极性就会受到挫伤。反之，如果按照经理人的意见办事，而不按照股东既有的思路进行经营活动，那么经理人可能会冒险，企业面临的风险也会很大。这就要关注公司治理中的信息沟通是否畅通，交流是否充分有效等。

监测到可能存在的金融风险，或者为了避免产生相关的金融风险，金融监管机构的另一项重要工作是加强金融防范。比如，金融监管部门要求互联网金融机构降低高杠杆率，以此降低可能发生的塌方式金融风险。实际上这项工作与普通百姓的生活联系非常紧密，因为很多人在互联网金融平台上有相关的各类金融活动，如果这些平台发生资金链断裂等问题，其不良后果的影响将波及甚广。因此，国家在互联网领域的金融监管逐步加强，确保其处于可控的活动范围内。

那么，一旦出现金融风险，金融机构或者普通投资者该怎么应对呢？应对金融风险的核心是降低风险，或者消除风险。当然，大多数情况下，能够降低风险带来的损失就很不错了。对于普通投资者而言，要时刻保持理性，不能盲目自信，要避免因为冲动投资而处于投资风险之中。对于金融机构而言，具体应对金融风险的方法有很多，要根据具体情形来合理应对，包括破产清算、资产折现、转移风险等。

日常应用

金融监管与人们的投资活动联系紧密，主要是为投资者控制风险，打造健康有序的金融市场，保证金融政策和计划的落实。对于普通投资者而言，要依托金融监管机构维护自己的投资活动，保证投资权益不受损失或减少损失。

1. 风险预警

当金融监管机构对金融活动或金融机构进行评级、约谈等操作时，投资者应该从中捕捉到有用的信息，并且加以分析利用，进而做出对金融活动有利的决策，以此规避可能出现的金融风险。

2. 防范风险

当金融监管机构做出预警之后，投资者要根据情况及时做出交易操作，避免产生不必要的损失。当然，投资者在进行防范风险的操作时应该深思熟虑，不应该"一朝被蛇咬，十年怕井绳"。

3. 维护权益

当投资者陷入金融风险时，需要寻求金融监管机构的帮助，一方面尽可能减少损失，另一方面使责任方承担相应的责任，付出相应的代价。

第三章

工具篇：举重若轻把握金融产品

股票：稳定

😊 幽默故事

长期在股市投资的王先生和刚进入股市的年轻人文先生交流。

王先生："不要进行长线投资，长线投资就像婚姻一样。"

文先生："我懂了，婚姻像座围城，可是长线投资不是有稳定的收益吗？"

王先生："对。它会稳定得让你笑不出来。"

🎙 趣味点评

年轻人文先生对股票的长线投资很感兴趣，与投资股票的老手王先生进行交流。王先生以婚姻为例说明，股票投资和经营婚姻有类似的地方，即可能让人笑不出来。

现实金融活动中，股票投资就像坐过山车一样，一会儿赚了，一会儿亏了，有种让人心跳加快的感觉。作为股票投资者，关键在于掌握有效的信息。只有尽可能多地掌握有效信息，才能更好地进行股票投资。

📈 金融学解读

当一家企业想要募集足够的资金发展时，可以发行股票。股票就是代表企业入股份额的票据。比如，一家公司发行了20万股股票，假设你购买了其中的 100 股，那么就代表你以相应份额入股了这家公司。发行股票实际上就是企业筹集资金的一种方法。

关于股票价格如何确定，我们将在后续章节进行探讨。这里我们主要讨论股票价格的变动问题。

当股票的发行价格确定后，随着市场对企业运行情况的不同预期，以及企业经营产品的影响力和美誉度的不断变化，投资者和市场就会对这家企业的股票价格走势进行预判，从而做出买入或者卖出这只股票的决策。

当这家企业经营状况不佳，或者面临很多问题时，特别是具有经营风险时，企业形象就会受到很大影响。相应地，这只股票的价格就会下降，从而导致很多人卖出这只股票，进而加剧这只股票价格的下跌态势。与之相反，当一家企业经营状况良好，社会影响力很强，美誉度很高时，它的股票价格就会随之持续上涨。很多人都会积极地购买它的股票，从而使得它的股票价格水涨船高。

股票价格的上涨、下跌不是一个单行道，不可能一直处于某种趋势，而是在不断地波动和反复，不断地进行调整。当然，对于信息技术时代的很多企业来说，增长都是指数级的。可以说，股票价格的涨跌速度也是相当快的。

这就带来一个问题，如果简单地用线性思维来分析股票市场价格的涨跌，显然不合时宜。因此，需要运用非线性思维动态地预测股票市场价格的变化趋势。

股票真正引人关注的，恰恰是它的价格时刻处于变动之中。投资者和市场都很难持续预测股票价格的变化方向。这就好比天气，我们通过分析可以知道，某天大概是阴晴雨雪等天气现象，但是我们很难准确把握雨天会下多少雨，晴天能够升温多少度。在股票市场中，我们也很难精准地预测某只股票能够升值多少或亏损多少。当然，如果能够预测亏损多少，投资者就可以采取措施来避免亏损。

实际上，股票价格的变动往往受到各种因素的影响。这些因素中有的是长期性的宏观影响，有的是偶然的微观影响。我们既要抓住一些客观规律来进行投资，同时也要小心"黑天鹅"事件的发生，尽量避免投资损失。

对于投资者而言，更加关注的是投资股票的收益率。如何才能获得具有吸引力的收益率？实际上，与其他投资一样，投资股票需要拥有把握未来的能力，也就是要能很好地预测股票市场的未来趋势。这里面包含着对经济形势的判断，对企业所处行业领域发展态势的判断，对企业上下游供应链、生产链和价值链的预测，以及对企业本身经营状况的把握。

比如，老王2018年在A公司上市前购买了1万股股票，每股股价5元，总成本为5万元。2019年A公司上市后，老王于2020年将A公司的1万股股票全部售出，每股股价20元，获得收入20万元。

老王在这项股票投资中，如果不考虑交易费等成本，获得盈利15万元。如此看来，这项股票投资的收益率较高，资本的增值效果非常好。但并不是所有的股票投资都能如此幸运。股票投资的关键问题就是，一定要考虑风险，不管是长线投资还是短线投资，都要把握投资收益的可控性，避免资金无限的损失。

日常应用

投资者在进行股票交易时，不应存在交易操作的偏见。也就是说，不管是短期交易还是长期交易都能获得收益，不管投资哪类产品、哪家企业、哪个行业，都能赚钱或赔钱。所以，股票投资更依赖于投资者对投资交易活动的控制和管理。

1. 理性投资股票

股票投资要避免盲目操作，很多人一看到当前有某只股票在上涨，就会冲动地跟进买入，殊不知它可能正处于下跌的前夕，一旦买入就要面临损失。

这就要求投资者多收集股票市场信息，尽可能准确地分析股票的价格走势，从而做出有利的决策。

2. 股票的多元投资

投资者在进行股票投资时，最好和其他投资产品组成投资组合，这样就能降低风险。实际上，投资要做好备份选择，选取多个维度的产品进行组合式投资，才能获得更可靠的收益。

3. 借助专业投资人帮助进行股票投资

投资者在进行股票投资时，可以借助股票领域专业投资人的分析来进行投资。专业投资人不仅能够提供相应的投资策略，还会从投资技术的角度进行分析，选取更适宜的股票投资项目，从而提高投资收益率。当然，投资者可以依托专业投资人的方法、思路，但是不能完全按部就班地进行投资，还需要有自己的分析和判断。

债券：如何学习游泳

☺ 幽默故事

小明："刘东，你是如何这么快学会游泳的？"

刘东："我去年刚开始学游泳时，也不知道自己什么时候可以学会。直到有一天我在海边练习游泳时，见到一个久未见面、欠我很多钱的人。后来我游到了他的船旁，要回了钱。"

趣味点评

刘东为了讨债学会了游泳，这可能很幸运。实际上，当一个人欠了你钱，而你根本不知道他在哪里，也不知道他什么时候可以归还时，你往往心中很急。在金融活动中，为了解决明确债权的问题，需要设计相应的有价证券。在金融领域，债权往往依托信用转化为可以流转的证券。债券就是一种能够标注还款对象和还款期限的证券，它相当于一个欠条，但是比欠条蕴含的内容要丰富一些。

金融学解读

债券是一种到期需要还本付息的有价证券，是银行、企业或者政府等机构为了筹集资金，而按照一定程序发行的能够交易的凭证。

比如，2021年2月，中国银行作为主承销商发行了6只碳中和债券，其目的是实现碳中和目标而进行融资。这些资金将全部用于华能国际、国家电投、三峡集团等企业发展绿色产业项目。通过发行债券，华能国际等企业筹集到了资金，从而能够更好地发展绿色产业项目，助力于实现碳中和目标。

不同债券体现的是不同机构的融资目的，其背后逻辑都是发行债券筹集资金，然后分期或者一次性支付本金和利息。可以说，债券使机构融资获得了一种更高效的方式。

债券的发行对象是社会大众，也就是说，不管是政府高官，还是组织机构、普通百姓，都可以购买债券，从而获得一定的利润。

基于这样一个前提，债券应首先保证安全性。所以，投资债券一般是不会亏损的，它是相对比较安全的投资产品。但是，与其他金融产品一样，债券也具有风险性。比如，一些企业在资金链断裂的情况下，出现财务困境甚至破产，从而无法兑现债券。

实际上，债券作为一种金融工具，它代表的是一种债务债权关系的证明，即证明了投资者向债务人进行了投资，而债务人向投资者出具融资证明。当然，债券是具有法律效力的有价证券，它不是一般的不承担金融职能的证明书。大体而言，债券体现了以下五个方面的内容。

1. 发行人名称

发行人就是债务人。这表明了债券的主体对象，为投资者变现债券的价值提供了依据。一旦到期，债券持有人就可以拿着债券要求债券发行人还本付息。

2. 债券面值

债券面值就是债券的面额。这表明了债券涉及的资金额度，是票面价值代表的资产数量，也就是本金的数额。这是债券到期后计算利息的依据。

3. 偿还期

偿还期是指债券上载明的需要偿还本金和利息的期限。这个期限是从投资者向债务人投资之日到偿还本金利息之间的时间间隔。债券的发行机构可以根据融资资金的使用情况、自身的经营和资产情况来确定偿还期。

4. 付息期

付息期就是支付利息的时间。这个时间可以是债券到期的时间，也可以另行约定，比如到期后的半年、一年等。利息支付方式也可以选择，比如一次性支付，或者分期进行支付。当然，利息支付方式的不同，也会带来利息计算方式的变化。一般分期支付利息，其债券利息是按照复利计算的，这与一次性支付利息的单利计算方式不同。

5. 票面利率

票面利率就是债券利息与债券面值之间的比率。票面利率体现的是投资者获得收益的计算标准。债券利息一般是固定的，也就是票面利率在债券上的数值是明确体现的。票面利率的影响因素很多，主要是银行利率、债务人的经营情况、偿还期限等。

当然，上述五方面内容是债券发行的基本要素信息，但并不是每个债券都会全部体现上述信息。有时候，偿还期和利率以公告的方式进行公布，并不体现在债券票面上。

关于债券投资的操作程序，大致如下。

首先，投资者委托证券交易商买卖债券；然后，签订相关合约，明确相关权责；其次，证券交易商按照委托条件，进行债券买卖业务；再次，办理成交手续，投资者及时交付款项或债券；最后，证券交易商核对交易记录，办理结算手续。

从上面的程序可以得知，债券交易是在债券交易所，投资者委托相应的交易商通过代理人或者代表人进行买卖交易，并不是投资者直接进行买卖操作。这也规避了由于操作程序错误导致交易失败情况的发生。

日常应用

债券产品由于具有安全性高、流动性强、收益稳定等特点，受到大众投资者的青睐。但是债券投资对专业性操作的要求很高，所以要注重运用专业人士的助力。

1. 资产配置的优先选择

在进行个人投资时，如果有合适的债券投资项目，那么投资者可以优先考虑进行债券投资，这是相对比较安全的投资项目。

2. 专业的交易商来操作

因为债券投资者需要依赖交易商来进行相应的操作，所以需要挑选信得过的、经验丰富的交易商。

基金：最佳投资时间

😊 幽默故事

一位投资人兴冲冲地问基金经理人："今年下半年什么时间买入某基金比较好？"

基金经理人："这好说，您先说一下今年1月15日到5月20日这段时间您每天都在什么地方？"

投资人："这谁说得清，我只能说，我一直在地球上。"

基金经理人："没错，那么今年下半年任何时间都可能是最佳的投资时间。"

🎤 趣味点评

故事中的投资人对于基金投资存在误解，以为基金价格的变化很小。实际上，每个交易日基金价格都在变化，如果我们用固定思维来考虑基金投资，毫无疑问将承担很大的风险。

因为基金投资日新月异，所以需要敏锐地把握基金投资的最新消息，灵活地做出投资决策。基金价格变化很快，就像我们在较长的一段时间内活动地点无法准确确定一样，所以基金投资要及时动态地关注基金市场变化，并相应地调整投资策略，以更好地应对风险。只有这样，才能获得持续的收益。

金融学解读

基金是通过发行基金股份或者收益凭证，然后获取金融收益的一种投资工具。

毫无疑问，基金投资是一种以小博大的投资方法，就是将很多人比较少的资金汇集起来，然后进行金融投资，从而获取相应的回报。

我们以一个案例来说明基金投资。2013年，新派公寓创始人与赛富投资基金一起发起设立了一项不动产基金，以1.3亿元的价格收购森德大厦，重新装修再开业。新派公寓创始人与赛富投资基金的代理公司共同出资1%，然后向社会投资人募集其余资金。待到期后，通过对外出售或者回购方式实现基金退出，以此实现有效投资。

基金作为一种金融工具，代表的是一种委托关系，即由基金投资者委托基金经理人进行金融投资操作，从而获得相应的收益，而基金经理人收取相应的手续费。这种委托代理关系，实际上就是基金运行的基础。

基金投资有三方面的参与者，即投资者、基金经理人及监管机构。基金投资者可以是个人，也可以是企业，或者其他组织。基金经理人由一些专业从事基金交易工作的人员来担任，他们需要符合相应的资格准入条件。基金投资的监管机构即银监会和行业监管机构。

基金投资主要依托一些专业的管理人员来进行操作，他们具有丰富的投资和金融活动经验，能够运用自己的专业优势来管理资金，使投资效益尽可能最大化。同时，这些基金项目通过汇集投资者的零散资金，获得规模优势，从而能够进行大规模的经营活动，更好地投资和参与竞争，放大投资者的收益。

基金具有一些突出的优点，比如，它的收益可能比较高，因为基金项目的多样化投资策略，使市场风险能够得到一定程度的分散，所以能够获得比

第三章　工具篇：举重若轻把握金融产品

较稳定的收益。同时，由于基金由基金经理人进行理财操作，即使投资者不精通基金投资操作，也有可能获得较好的报酬，这为投资者带来了便利性。

根据不同的标准，基金可以分成很多类型，比如根据投资的时间长度可以分为长期基金、短期基金；根据经营份额能否变动，分为开放式基金、封闭式基金；根据投资内容不同，分为股票基金、黄金基金、指数基金、对冲基金等。

此外，根据投资目标和风险之间的关系，基金又分为成长型基金、收入型基金和平衡型基金。成长型基金是瞄准未来具有增长潜力的投资对象的基金；收入型基金是以获取当期最大化收入为目标的基金；平衡型基金是既追求能够获取当期收益，又能获得长期收益的基金。

基金投资也存在市场风险。特别是基金经理人作为交易操作人员，也存在个人利益，一些基金经理人在帮助投资人进行操作时，有时并不是完全以投资人的期望来实现目标。

基金经理人往往同时负责两个或者多个基金项目的运营。他在基金项目运营过程中，可能会重点保障某一个优势基金处于较高的利润率，其他基金处于低利润率甚至负利润率。这是因为优势基金能够保证获得巨额收益，同时也能形成良好的口碑，吸引更多的投资人来投资基金项目。

这时如果投资者买入优势基金，就会获得很多收益。但是很多情况下，基金经理人也会拿投资人的钱去购买自己负责的低收益基金项目，这种情况很难被监管机构杜绝。因此，就需要投资人自己把握，根据投资项目的基础资产情况来确定投资策略，而不是完全由基金经理人来进行投资操作。

基金交易的监管非常有必要，监管机构也在不断地改进基金交易的监管方式，努力给投资者带来安全的投资环境。作为投资者，投资风险应该主要由自己来承担，而不是完全依赖监管机构的监管或者基金经理人投资行为的规范。

日常应用

基金产品多如牛毛，要想选好基金产品，无异于大海捞针。那么金融活动中，应该如何做好基金交易从而获得收益呢？

1. 寻找信誉良好的基金经理人

对基金经理人的监管，实际上很难，而且惩罚力度也不够。这就为个别基金经理人的自利操作带来了空间。所以投资者需要擦亮双眼，寻找信誉良好的基金经理人。

2. 把握优势基金和劣势基金的情况

很多时候一家基金经纪公司都会有明星产品，也就是那种投资效益很高的优势基金，但是相应地也会有劣势基金。这时，投资者就要甄别基金经纪公司的产品情况，避免资金投入劣势基金带来亏损。

期权：有进入条件的商店

幽默故事

一个远行的人鞋子破了。但是，比起换新鞋，口渴难耐的他更想喝水。于是，他脱掉烂皮鞋继续行走。

后来，一个卖皮鞋的人劝他买一双皮鞋。

他摸了摸瘪瘪的钱包，怒气冲冲地说："都什么时候了，买皮鞋干什么？"

卖皮鞋的人灰溜溜地走了。

他又走了很久，终于在路旁看到一个商店。

当他要进去买水时，非常爱干净的商店女主人把他拦了下来，说："只有穿着皮鞋的人才能进商店购物。"

他："什么?!"

趣味点评

远行的人与商店女主人，像极了期权交易的双方。交易双方都有意达成愿望，然而达成愿望需要有前提条件。对于愿望的内容，远行的人是买到水，商店女主人是赚钱，期权交易双方是获得到期交易的权利。至于前提条件，期权交易双方都有相应的资产交易义务，不能出现到期无法兑现期权约定资产的情况，而远行的人和商店女主人达成交易的条件是穿着皮鞋进入商店。

从字面上理解，期权就是一种在一定期限内能够行使的权利。如果远行的人能够预知到商店买水的前提条件是穿着皮鞋，那么他会先买一双皮鞋。实际上，期权交易的实质就是能够预判机会，让机会变现。

金融学解读

期权实际上就是对经营平台的价格变动进行预先的交易权利购买，也就是说，它是一种有关交易权利的金融工具。

比如我们订立合同，约定明天我将以500元的价格优先购买你的一件物品，而同类物品在当天晚上涨到了1000元，但是明天你仍然要优先以500元的价格将这一物品卖给我，而不是卖给其他人。如果我要买的话，你必须卖给我。如果你卖给了别人，那么我有权主张获得赔偿。或者，如果这件物品在晚上的时候降到了100元，我考虑再三觉得不应该买，我就可以不买，而你可以寻找新的买家，这时我并不承担相应的补偿责任。

期权作为金融市场一种非常普遍的工具，涉及黄金、粮食、石油等各个领域。这些期权产品由于所处的行业不同,各个国家采取的产业政策和交易规则都不尽相同,因而进行相应的投资就要准确地把握交易规则和投资规则。

期权交易中有两个关键的问题:一个是到期日,另一个是交易的执行。

我们把期权交易约定的日子称为期权到期日。在这一天,期权出售人可以将自己的期权卖给期权购买人。对期权交易日的不同把握,是欧式期权和美式期权的区别。欧式期权只在期权到期日进行交易,而美式期权可以在到期日及之前的任何时间进行交易。毫无疑问,越是灵活的期权交易,就越能便利投资交易活动。

另一个问题是,当期权到期时,期权的操作员和购买者应该如何办理交易?按照约定价格进行交易,称为期权的执行。在期权到期日或者某个时间进行期权交易的价格,称为期权价格。

期权交易的关键在于,对未来商品或者某种交易活动的趋势进行预判,然后做出相应的交易约定。

当然,期权交易的商品是能够量产、价格波动比较频繁的商品。那些非常独特甚至专有的商品,比如张大千的某幅画作,这种商品很难标准化衡量,无法简单地确定价格的变化趋势,因而就不能作为期权交易的商品。

同时,因为期权是比较规范的金融合约,所以可以非常便利地进行交易。也就是说,相比股票等长期的金融产品,期权可以很方便地买入或者卖出,交易和转让都很容易。

日常应用

期权商品的交易价格变化幅度可能很大,也就表明期权投资的盈利和亏损也可能很大,每次投资犹如坐过山车,需要有足够的勇气和智慧去面对。因此,在投资过程中需要注意以下两点。

1. 稳妥投资期权产品

期权交易的风险相对较高，实力雄厚的资本力量对于期权市场的影响相对较大，个人投资者很难防范期权投资风险的爆发。因此，要尽可能谨慎地选择合适的期权产品。

2. 高效进行期权投资

期权投资的便利性为期权交易带来了利好条件，也就是可以尽可能地提升期权交易的频率，这样能保证资产的价值得以提升。

期货：从源头上避险的交易

幽默故事

已经有一个儿子的李太太，想要一个女儿。不久，李太太又怀孕了。

孩子出生那天，大夫对李太太说："恭喜您，生了一个儿子。"

李太太："大夫，您能把孩子再塞回我肚子里吗？"

大夫："太太，生孩子就像猜盲盒，要想改变结果就要从源头上避开风险。"

趣味点评

李太太想要一个女儿，然而又生了一个儿子。这就像投资者购买期货产品，本来预估期货价格会向自己有利的方向变化，然而事与愿违，期货价格向不利于自己的方向变化，后悔也来不及，只能承受结果。

所谓期货，是指在约定期限内购买或者销售商品。也就是说，交易双方约定某个期限，到期可以按照约定的价格进行买入或者卖出的操作，便利双方获得双赢的收益。

金融学解读

在期货交易过程中，实际上是对具有价值的商品货物进行交易，当然并不是实际货物，而是一种标准化的货物合约。类似存在银行的一种银票，且包含一定财务价值能够被银行的监管机构允许使用。

期货是由两个要素组成的：一个是交易的期限，另一个则是货物本身。交易期限对于期货而言非常重要，因为期限的时间越长，不可控的因素越多，市场变动情况就可能越剧烈，其承担的风险也就越大。同时，商品本身类别不同，其金融特征也不同，交易的特点和方法也就不尽相同。

就期货的商品种类而言，具体可以分为很多种，比如农产品期货可以分为大豆期货、小麦期货、玉米期货等不同的种类；能源期货可以分为石油期货、煤炭期货等；金属期货可以分为黄金期货、白银期货、铝期货等。

从事期货交易的场所叫期货交易所，世界上有很多交易所都是综合交易所，既能进行能源期货交易，也能进行农产品期货交易，还可以进行金属期货交易等。当然，也有一些交易所只进行单个门类的交易，比如粮食期货交易所、石油期货交易所等。

期货交易的周期相对较长，因而期货投资是一项长期投资，需要我们在投资过程中积极跟进，灵活地调整投资策略，以此来使收益最大化，避免一些损失。

当期货收益获得较好的投资回报时，就可以进行套利。当投资收益率较低或者面临损失时，可以进行保利。也就是说，要根据期货投资整体的表现来确定投资如何继续交易。

另外，投资期货要承担一定的风险，由于涉及较长的时间，所以期货产品难以保证完全盈利。

日常应用

期货交易与期货商品的关系非常密切，投资者必须把握期货商品的行业交易规律，才能更好地把握期货交易活动，为自己带来更稳定的收益。要把握期货交易规律，就要注意以下两点。

1.加强行业市场的观察和分析

期货市场和行业市场具有相关性，这就为投资者进行期货投资设下了前置条件，可以供投资者进行观察和分析，以此更好地预测未来的价格走势。

2.尽量聚焦某个种类的期货进行交易

比如投资能源期货，就应该持续关注能源市场，并且开展相关的投资活动；投资农产品期货，就要关注农产品市场的变化，围绕农产品市场进行调研和投资。这是因为聚焦投资领域和目标，对市场变化趋势和行业形势会有更透彻的认识，便于更好地进行投资，并获取收益。

互换：被请客的小提琴家

😊 幽默故事

一位工艺师请一位小提琴家吃饭。

进餐完毕，工艺师要求小提琴家弹支曲子，小提琴家只好从命。

不久，小提琴家邀请工艺师到自己家里吃饭。饭后，他捧出来一块木头。工艺师很诧异。

小提琴家说："上次你请我，是为了听曲子。今天我请你，是为了做木雕。"

🎙 趣味点评

小提琴家期待美味的佳肴，然而他的获得需要付出，也就是为主人和宾客进行演奏。基于这样的规则，小提琴家请客时，也可以要求工艺师为其进行木艺创作。

小提琴家与工艺师都在寻求机会获得对方的利益输送。然而，这个过程是有很大风险的，互换资产也就是表演琴艺和工艺的过程，权利和义务都需要对等地进行交易，不存在不劳而获的现象。互换，是指交易双方取长补短、实现双赢的一种交换合约。

金融学解读

互换的起源是国际外汇的兑换。也就是两家跨国公司，分别在对方国家设立子公司，那么当子公司需要借款时，如果通过外汇渠道，成本较高，子公司就向对方企业借款，这样外汇交易就转变为国内借款，既降低了成本，也避免了风险。

后来，互换就演变为可以进行货币、利率、汇率等基础资产的交换，从而使互换市场的规模和交易频率越来越高。当然，互换合约的价值会随着货币等基础资产价值的变动而变化。

以利率互换产品为例。两家公司同时打算借款，A 公司打算使用固定利率，B 公司打算使用浮动利率，它们使用固定利率和浮动利率的成本并不相同。于是 A 公司和 B 公司进行互换，那么就可以降低成本，选择更适合自己的利率支付方式，这样就能节约开支。也就是说，通过利率成本的优势互换，能够实现两家公司的双赢，获得更低的成本支出，既实现了融资目标，又降低了融资成本。

再以一个例子说明货币互换的过程。假设 1 美元能够兑换 6 元人民币，甲公司需要 100 万美元，而乙公司需要 600 万元人民币。由于两家公司发展程度不同，因而融资成本也不同。甲公司兑换 1 美元需要支付利率 5%，兑换 1 元人民币需要支付利率 1%；而乙公司兑换 1 美元需要支付利率 7%，兑换 1 元人民币需要支付利率 2%。

从上述比较来看，乙公司不论是兑换美元，还是兑换人民币，融资成本都较高。但是乙公司兑换人民币只高出 1%，而在兑换美元时则高出 2%。可见，乙公司在人民币市场具有比较优势。为了降低成本，双方可以如此进行交易：先是甲按照 5% 的利率借款 100 万美元，乙按照 2% 的利率借款 600 万元人民币。然后甲乙进行本金互换，也就是乙公司的 600 万元人民币和甲公司的 100 万美元进行互换；接着进行利率互换，也就是甲公司的实际交易利率为 5%+2%，而乙公司的实际交易利率为 1%+7%，两者相比较实际融资成本降低（1%+7%）-（5%+2%）=1%。可见，通过互换，能够让甲乙两家公司都受益，不仅降低了融资成本，也便利了融资活动的开展。

虽然互换看起来有很多好处，但是问题的难点在于，怎样匹配具有互换需求的交易方，又如何保证互换交易的双方利益分配是合理的。

实际上，互换交易往往是点对点的交易，不具有规模化操作的便利条件。而且由于交易双方都想获得更多的益处，如何平衡好收益和风险，成为互换交易的关键。也正是能够平衡交易双方利益需求的方案，才使互换成为现实。

互换的风险也是随时存在的，交易方必须时刻关注，及时做出相应的调整。比如进行利率互换的交易，利率是一直变动的，无论是固定利率还是浮动利率都在变动，这就说明可能此时选择固定利率是有利的，但是过段时间就会变成亏损的交易，以前可能收益比较大，现在逐步没有收益，甚至在滑向亏损的境地。这就说明，互换交易和所有金融工具一样，也存在较大的风险。

日常应用

金融互换是根据约定交换一定数量现金的交易。实际上，在现金流通条件缺乏时，比如交易双方不够信任、融资渠道较少等，金融互换能够促进资金流通，并在一定程度上降低金融风险。为此，在互换过程中，我们需要注意以下两个方面。

1. 信息共享

对于开展投资的人而言，建立可信的信息共享关系至关重要。不论是组织、机构还是个人，只有充分地获取金融市场信息，才能更好地进行金融项目投资。

2. 投资策略共享

一个市场或者一个领域内的投资，往往具有特定的规律。在投资成功的基础上，向其他投资者共享投资策略，可以放大投资收益，促进投资形象的塑造。

远期合约:"40 岁都单身,我们就结婚"

😊 幽默故事

一对相亲男女第一次见面时,彼此就很谈得来。

男:"我很想早点儿结婚,如果你觉得合适,我们就尽快确定关系吧。"

女:"我也很着急,可是我们也不能太草率地结婚呀。"

男:"结婚的话,确实需要多了解一下,5 年怎么样?如果我们到 40 岁都单身,那我们就结婚吧。"

女:"5 年?我想的是 5 天。"

🎤 趣味点评

如果把结婚时间比作投资时间,那么 5 年可以称为远期投资,而 5 天则是短期投资。在现实生活中,一般情侣相恋到结婚的时间不会像 5 天那么短暂,很多都是经过 5 年甚至 10 年的爱情长跑才步入婚姻。

这就好比远期合约。远期合约是交易双方约定在未来的某一确定时间,按照约定价格买入或者卖出一定数量的某种金融资产的合约。远期合约是一种较长时间的投资项目,它约定变现的时间在以后某个特定日子,没有人可以反悔,都需要遵守这个约定。

金融学解读

作为一种金融合约，远期合约主要是为了消除未来交易的不确定性，而使得资产交易变得价格明确，即使现实中可能存在某种金融资产价格波动幅度较大的情况。

当然，远期合约与"40岁两个人都单身就结婚"有一点不同，那就是条件发生变化后应对方式不同。因为40岁结婚这件事有很多变数，可能其中一个人结婚了，也可能两个人分别与他人结婚了。而且他们不需要承担责任，这与远期合约有明确的责任义务明显不同。

远期合约是由交易双方根据需要自行订立的一种金融资产交易合约，对双方都具有约束力。然而，远期合约并不在交易所内进行交易，它不是一种标准化的合约，而是根据不同交易需求设立的特定的金融合约。从远期合约产生的源头就可以看出，远期合约缺乏流动性，很难在市场上交易或者流通。

根据金融资产种类，远期合约主要分为利率远期、外汇远期、股票远期，因而这些远期交易对应的金融资产就是利率、外汇和股票。

远期交易是一种实物交割或者现金交易，需要买卖双方在合约到期时交付或者买入一定数量的某种商品资产。当然，远期交易的合约价格并不完全是事先确定的，也可以经双方约定在交割时确定。

比如你买了铜期货的远期，这份远期在两年后到期，前期铜期货的市场价格变化不大，而恰巧你投资了几笔都赚了一些钱，于是你打算通过做空来赚取更多的收益，也就是你预期铜期货的市场价格会下降，而你此时卖出显然比以后卖出更好。问题是，随着你做空，那么就有人做多。很多人一起做多，铜期货的价格一直在上涨。当你之前卖出的铜期货远期需要交割时，你不得不以高价买入去交割，从而遭受了很大的收益损失。

远期合约需要确定的内容，主要是交易资产的项目、交易日期及交易价格等。可以说，远期合约是一种获得资产保值的工具。买入方希望在某种资产面临涨价时，能够以相对较低的价格预订一定的资产交易量，确保能够获得收益；卖出方希望在某种资产运营过程中，在保证一定收益率的前提下，提前获得购买者的订单。这样双赢的目标，使得远期合约能够成立。

然而，这里有个重要的问题，就是远期合约价值的确定。当你和别人订立了一个远期合约，1万元是这个合约的市场平均价值，所以你们确定的合约价格也是1万元。但是，随着市场发展，这份合约当下只值1000元，而你和别人的合约交割价格仍是1万元，于是你就要亏损9000元。远期价格实际上就是合理的交割价格，由于市场上的远期价格一直在变化，所以寻求合理的交割价格非常关键。

当然，远期合约本身涉及的内容非常广泛，比如本金数额、合约利率、参考利率、交易日、合同期等。这些内容都与远期合约最后的交易有关，因而也与收益有关，需要加以关注。

日常应用

远期合约是对未来买卖某项金融资产的活动进行约定的协议。不管是围绕利率，还是围绕外汇，远期合约都是筹集资金、促进资金流通，从而带来收益的有效方式。

1. 进行远期合约交易要关注合约的合理性

特别是对于交易日期要敏锐把握，虽然远期合约交易时间较长，但是如果收益率难以达到预期，那么可以考虑进行其他金融产品的投资。

2. 分类做好远期投资

对于利率远期、外汇远期、股票远期等不同的投资产品，要分别对待，理性地做出投资交易，根据不同的趋势特点和自身资产情况来进行投资。

外汇：激烈的竞争

😊 幽默故事

投资者 A 打算系统学习投资知识，所以每天都捧着一些投资书籍学习。

投资者 B 看到了，说："你为什么这么努力学习知识啊？这也太辛苦了。投资的核心是交换，最简单的货币交换你不会吗？我感觉靠这个原则就会暴富的。"

投资者 A 说："快醒醒吧！盈利需要操作速度快，你知道货币交换需要预约，甚至排队吗？我在没有赔光钱之前也像你一样想。"

🎙 趣味点评

外汇交易实际上是一个对时间要求很敏感的操作。如果操作晚了或者慢了，汇率就会发生变化，盈利可能变为亏损。这也是想要系统学习投资知识的投资者 A 所经历的事情。投资者 B 由于没有实际操作过外汇投资，所以以为货币交换很简单，其实并非如此。即使是简单的外币兑换都需要在银行柜台排队，更何况实际的外汇投资更加复杂和多变。

外汇是被世界上广泛接受，能够用来进行国际结算的支付手段。听起来很简单，只是一种货币交换成另一种货币，但其中涉及的交易操作却很专业，如果不能掌握其中的关键，很容易陷入被动。

第三章 工具篇：举重若轻把握金融产品

金融学解读

作为一种金融工具，外汇背后是金融资产，其包括银行存款、有价证券及其他金融资产。

外汇体现的是国际金融交易的支付过程，是国际债权债务关系中使用的支付工具。当然，外汇的使用是非常广泛的，不仅国家与国家之间需要使用外汇结算进出口物资或者其他金融资产如国债等，而且银行与银行、企业与企业，以及各个机构之间的国际金融活动中都有外汇交易的身影。

外汇有两种基本的功能：一种是将一个国家的货币兑换成另一个国家的货币，使不同国家能够进行商品贸易，进而促进国际经济和贸易的发展；另一种是作为一个流通工具，通过不同国家的外汇流动，比如支付国际债务或进行国际金融资产储备等，对各个国家的资金进行调配。

我们一般说的外汇交易，就是将一种货币兑换为另一种货币。而外汇报价，实际上就是外汇兑换的汇率。由于种种因素的影响，国际金融市场上各国货币之间的汇率变动非常频繁，而且外汇交易可以 24 小时不间断，除了节假日外每天都可以进行交易。

外汇交易的主要参与方有下面几类。

一是商业银行。商业银行负责报价，然后外汇根据它们实施的汇率进行结算。

二是经纪公司。外汇经纪公司有点儿类似中间商，它们不直接报价，因而不能进行结算。

三是投资人。外汇市场中个人是最小的交易者，在参与外汇交易时需要很强的基础知识，以便及时调整交易活动，特别是要能及时止损。

外汇通常是以货币兑换的形式来进行交易，比如欧元兑美元。也就是说，外汇交易的过程就是买入一定数量的欧元，然后卖出一部分美元；或者买入一定数量的美元，然后卖出一部分欧元。这种交易的好处是，不用等待交易方出现，如果某个经纪公司或者交易商愿意充当外汇交易的"对手方"，那么这样的交易就可以达成，从而保证了市场的资金流动性。

外汇交易非常方便，任何金融机构、政府或者个人都可以参与外汇交易。由此外汇市场不断发展扩张，从而保证了巨大的交易量。这就带来一个好处，外汇交易市场透明度较高，一些有实力的金融机构甚至政府外汇储备等对市场汇率的影响非常有限。反而是一些政策因素，以及与金融业有关的人员关于一些数据和信息的讲话，会对汇率产生较大的影响。

那么，外汇交易会有哪些风险呢？实际上，拥有外汇资产或者负债的国家、金融机构、企业和个人都会由于汇率的变动而面临收益或者损失。外汇风险就是在金融活动中随着外币汇率变动带来资产价值或者负债增加或减少的情况。外汇交易由于存在风险，这就要求投资者积极做好外汇知识储备，灵活动态地调整外汇投资的策略。

日常应用

影响外汇交易的因素很多，比如国家政策、经济发展趋势、资本流向、名人效应等，都可能给外汇交易带来难以预料的改变，因而外汇投资需要谨慎操作。

1. 要敏锐把握主要货币的汇率

汇率信息事关外汇投资成效。因此投资者对于汇率变动要敏锐，如果汇率发生剧烈波动，就要考虑外汇产品的卖出，因为剧烈波动往往会有波谷，这无疑会带来亏损。

2. 把握货币汇率变化的影响因素

要注意收集和分析可能发生汇率变化的因素，一旦出现相关信息，立即进行相应的外汇交易，进而保证获取相关收益。

第四章

原理篇：幽默解读金融运行机制

马太效应：任性的房东

😊 幽默故事

两位租客一起向房东告别。此前，甲每次都能按时甚至提前缴纳房租，而乙缴费时总是拖拖拉拉。

甲："我要去上海工作了，听说您在上海也有房子，您懂我的意思吧？"

房东："我懂，你的押金不用退了，可以接着租。"

乙："我也去上海工作了，您懂我的意思吧？"

房东："我懂，你的押金我现在就给你。"

乙说："到上海后我还想租您的房子住。"

房东："算了，我还是把房子先空着吧。"

乙："您租给我还可以赚一些租金，如果空着岂不是错过了一笔收入？"

房东："你误会了。我不缺钱，缺钱的是你。"

🎙 趣味点评

租客甲和租客乙都租赁某房东的房子，但两个人缴纳房租的情形不尽相同，显然甲更受房东喜欢，而乙不受房东待见。因此当面临租赁选择时，房东拒绝了乙的租赁请求，而甲顺利地租到了房子。通过这则幽默故事，我们对马太效应有了较为明晰的认知：表现好的会获得更多的机会；表现差的只能获得少量机会，甚至没有机会。

第四章　原理篇：幽默解读金融运行机制

金融学解读

马太效应，通俗地说，就是好的更好，差的更差。在金融学领域，马太效应指在获得某种优势后，随着优势的不断积累，进而实现更好的收益。

马太效应本质上反映的思想，就是让强者更强，让竞争占优者获得更多的资源和发展机会，让优秀的人获得更多先发优势和资源支撑，因而更好地积聚力量去发展。

由此可见，马太效应揭示的金融本质是，金融供给更加倾向于占据优势的一方，这些优势可能是信誉、利润率，也可能是低风险。但归根结底，马太效应体现的是一种立足于金融供给和金融收益的金融运行原理。概括起来，马太效应在金融领域的具体表现有以下三点。

一是那些优质的金融企业、金融产品和金融市场，在不断的运行沉淀中，获得越来越多的市场认可，从而受到更多的人和机构的青睐，使得投资都涌向这些企业、产品和市场，进而带来这些企业、产品和市场的繁荣。

二是那些竞争能力较弱的金融机构、金融工具、金融产品，随着时间的推移，竞争力越来越小，最终可能会被淘汰或者进行重组。

三是优势的积累在初期是缓慢的，在后期可能是指数级增长，所以在积累优势方面要坚定信心，一步一步地、踏踏实实地研究金融市场，才能有所收益。

实际上，很多时候我们在面临风险的压力下，都会将鸡蛋放在不同的篮子里，以降低风险系数，让收益最大化。然而，根据马太效应，恰恰应该将金融收益好的项目列为首选，这样才能获得巨大收益。那么，我们到底应该如何做呢？

众所周知，任何原理或者规律都有其适用条件。我们所要做的是关注这一原理或者规律面临的个别情况或不适用条件，这样就能较好地避免陷入困境。马太效应也是如此。我们根据它处理金融事项时，也要综合考虑其他可能的影响因素，这样才能让马太效应既发挥作用，又避免不利影响。

也许有人会问，马太效应在运用过程中是否有不适用条件或者特殊情况？答案是肯定的。马太效应在快速变化的市场环境和形势中，并不能很好地起到作用。比如在股市剧烈动荡的时候，你忽然大量买入某只股票，显然有些冒险了。

那么，当不占优势时，如何利用马太效应呢？实际上，马太效应的前提是获得某种优势，这样才能利用优势的迭代效应来实现更大的收益。这就给我们一种提示，即我们在不具备优势时，就要瞄准某方面工作或者某个项目，下功夫逐渐熟悉和掌握它，从而积累自己的优势，只有这样才能更好地利用马太效应实现发展。也就是说，在处于劣势的情况时，需要厚积薄发，积累足够的优势，做好相应的准备，才能实现更大的跳跃式发展。

日常应用

要想看清金融运行的状态，就要注意把握马太效应带给我们的启示。

1. 创业

新的金融企业、金融产品和金融市场，可能难以快速打开市场。要想实现更好的发展，一方面是模仿，另一方面则是创新，这样才能有机会闯出一条新的前进之路。

2. 竞争

金融市场的竞争，更多的是累积优势的竞争，比如口碑、品牌效应、优势市场等，因此选取金融投资产品时，要注意比较相关项目的累积优势。

3. 优势

对于金融市场可能形成的新的细分市场要密切关注，比如互联网金融领域的市场竞争，要尽早进入，积极探索，以期将实践过程中的成绩积累起来，形成新的优势，获得先发红利。

4. 收益

获得金融优势的企业和产品，会获得高收益率、高回报率。这就需要我们在金融投资中寻找合适的优势项目，看准机会快速投入，以获得更大的投资收益。

金融杠杆：发酵粉的问题

幽默故事

面点大师给新学员一分钟时间讲述学面点制作的缘由。

刘女士："昨天我给女儿做面包，结果发酵粉放少了，面包做出来特别紧实，女儿不喜欢。"

张阿姨："别提了，前天我的发酵粉放多了，面团从盆里流出来，弄得满桌子都是，被我家老头说了半天。"

两个人七嘴八舌地说着，完全忘了时间。

培训还剩下一分钟的时候，面点大师说："看，这就是你们发酵粉放不对的原因，你们自己就很膨胀。"

趣味点评

刘女士和张阿姨在发面的过程中，掌握不好发酵粉的用量，这导致她们制作的面包总是不能令人满意。为此她们去面点培训公司接受培训，以解决发酵粉的用量问题。

实际上，金融市场里，很多时候产品的收益率都与金融杠杆有关，而金融杠杆在金融市场中的作用就类似促进面粉发酵的发酵粉。实践表明，金融杠杆率的多少，对于金融市场的运行效益非常重要，它能够深入地影响金融市场。

金融学解读

金融杠杆是将金融收益和损失放大的工具。一段时间内，金融杠杆主要集中在企业、政府和房地产市场内。然而，随着互联网经济的兴起，金融领域的创新和监管在不断发展中推进，大众对金融杠杆的认识也在发生变化。

企业为了发展，开始增加产能，随着各个企业的类似产品不断推出，竞争越来越激烈。当企业产能过剩时，产品价格只能下降，这就压缩了产品利润，甚至会直接导致亏损。这时企业只能筹钱甚至借债来进行新的生产，而随着债务的不断累积，企业负债率越来越高，最后可能资不抵债，走向破产。

政府为了发展，开始发行债券，随着债券数量的增长，偿还压力越来越大，需要采取其他方式来偿还债务，而这样做风险也在增长。国家对此进行规范，规定政府加杠杆只能采取发行债券的方式来进行。

房地产市场是金融杠杆运用最为广泛和深入的领域。对于开发商而言，借债开发能够带来很大收益，所以开发商有很多借债需求。银行为了获得大量利息收益，也乐于向开发商发放贷款。房子开发出来后需要消费者去购买，银行以较低利息向普通购房者发放贷款。为了最大限度地使用资金，银行开始将贷款包装成各种产品，然后贷给更多的开发商和购房者。这个过程就带来了金融杠杆率的上升，看上去银行、开发商、购房者及其产业链条的企业都获得收益；但是，当金融体系的某个环节资金难以收回时，这个链条就会断裂，造成金融危机。

对于政府、企业、银行而言，盲目加杠杆可能引发系统性、持久性的金融风险。一旦这些风险变为灾难，那么需要面对的损失也是破坏性的。因此，政府、企业、银行都要有意识地控制自身加杠杆的程度，让金融杠杆率保持在合理的范围内。

比如，一段时间以来，房地产领域的杠杆率保持较高水平。这一方面与市场需求、资本投资、政府引导有一定的关系，但是另一方面房地产领域的企业在无形中不断地推波助澜，让房地产市场的增长速度屡破新高，这越来越成为普通刚需住房者的痛点。

在此情况下，国家开始考虑进行大范围、全方位的住房政策管控，以防止房地产市场的金融杠杆率被无限加大，避免给国家金融体系、社会金融基础带来不利的影响。

日常应用

金融杠杆是金融活动中最有魔力的工具之一。金融市场中金融杠杆的运用随处可见，在投资活动中更是将金融杠杆作为基本手段，因此对金融杠杆的把握运用是非常关键的。

1. 运用金融杠杆原理赚钱

运用金融杠杆原理进行投资，可能会赚几倍甚至几十倍的收益，这就是金融杠杆的魔力。所以运用好金融杠杆原理进行投资，会带来事半功倍的效果。

2. 警惕金融杠杆放大风险

金融杠杆是把双刃剑，在可能获取巨大收益的同时，也可能潜藏着巨大的风险。因此投资者应注重风险管理，否则当风险突然出现时，就会让投资者来不及反应而遭受损失。

购买力平价理论：羊养人

😊 幽默故事

某国有一个养羊专业户。在当地，他养羊成本较低，但是养的羊卖不出去。于是他就带着羊到了甲国。

羊在甲国很好卖，但是政府监管很严格。

养羊专业户把羊关入羊圈，开始给羊喂枯草。结果，动物保护协会以虐待动物为由对他进行罚款。

后来养羊专业户在草地上放羊，让羊吃鲜草。结果，农业部门说他破坏生态，给予他罚款警告。

没过多久，拥有许多肥羊的养羊专业户就申请破产了。

农业协会的专家来调查原因，问他现在怎样养羊？

养羊专业户说："现在人养羊太难了，羊养人更容易些。它吃什么，我就吃什么；它干什么，我就干什么。"

🎙 趣味点评

养羊专业户在自己国家养羊的时候，面临的问题是羊的销售难题。养羊专业户在甲国养羊虽然销售容易，但是面临政府部门监管严的新问题。养羊专业户在甲国先后被动物保护协会和农业部门给予罚款，因此，他难以决定应该怎么养羊。所以当专家问他时，他半开玩笑地说，现在是羊在养着他。可见，同样是养羊，在甲国和在养羊专业户的国家大不相同。

成本、销售、监管等各不相同，因而养羊的效益也就不同。这种差异化正是购买力平价理论产生的基础。所谓购买力平价，就是从货物交易的角度而言，不同国家货币的汇率，决定于单位货币购买力的比例。也就是说，买同一件产品，换算汇率后价格应该是一样的。

金融学解读

如果扣除国际贸易成本，理论上来说，世界各国同样的产品应该有同样的价值。这就是购买力平价理论的基本原理。作为全球化程度非常高的国家，我国日常生活中也常常遇到进口产品，比如食品、日用品等。但是，经常有新闻报道各国产品存在巨大的价差，那么这种价差是如何产生的呢？

先来看一个例子：假设一位工人在 A 国工作一小时获得的酬劳是 20 元，而在 B 国工作一小时获得的酬劳是 50 元。相应地，A 国一斤苹果的价格是 1 元，而在 B 国买一斤苹果需要 5 元。那么，仅以苹果单价做比较，同样的钱，A 国购买的苹果是 B 国购买量的 5 倍，而 A 国与 B 国的单位劳动力报酬比例是 1∶2.5。

这就是说，A 国货币的购买力是大于 B 国的，显然在 A 国生活更为实惠一些。但是对于商人来说，B 国经营苹果显然利润更高一些。这就给国际贸易创造了机会。实际上，除去生产能力和生产结构等因素，大多数国际贸易产生的基础也正在于此。

随着人们对市场认识的提升，购买力平价理论也逐步发展出了两个相互联系而又有区别的理论。

1. 绝对购买力平价理论

所谓绝对购买力平价，就是指两个国家的汇率等于两国货币的购买力之比。比如甲国10元可以买一块面包，而乙国买同样的面包需要100元，那么甲乙两国的汇率比就是1∶10。

就其合理性而言，绝对购买力平价体现的是货币所代表的购买力，也就是货币价值。这是货币购买力的真正含义。也就是说，一个国家物价的变化，与自身的货币购买力密切相关。

就其局限性而言，这一概念相对简化了物价和货币汇率之间的关系，对于全面、准确地反映物价和货币情况有一些不够完善的地方。比如，由于商品供需关系的变化，某个地方由于自然灾害导致某类农产品的短缺，农产品的单价随之上涨，而另一个地方此时该类农产品的价格变化并不大。如果只是通过简单地对比这项农产品的价格来确定货币汇率，是不准确的。

2. 相对购买力平价理论

相对购买力平价，是指两个国家的汇率是由两个国家货币购买力的相对变化来决定的。也就是说，当两个国家货币购买力发生变化时，汇率随之发生变化。

可以看出，相对购买力平价理论弥补了绝对购买力平价理论的一个缺陷，就是它用货币购买力的相对变化来描述汇率的波动，这比单纯地用货币购买力来确定汇率要高明得多。

绝对购买力平价理论是购买力平价理论起始阶段提出的理论，考虑的要素也相对简单；而相对购买力平价理论考虑的要素更趋全面，能够更好地体现购买力与汇率之间的关系。

日常应用

那么，在现实金融活动中，我们应该如何运用购买力平价理论来进行分析呢？

1. 经济指标

当用购买力平价理论来衡量一个国家的经济指标时，往往更能反映一个国家的经济发展状况。比如，一般而言，购买力平价指标较高，反映了这个国家的经济发展较好。

2. 供需关系

购买力平价指标可以体现主要产品的供求关系。当一个国家的购买力平价指标偏高时，说明供应不足，而需求旺盛，这就为国际贸易打下了基础。我们可以利用这样的机会进行贸易，获得相应的利润。

3. 把握影响因素

购买力平价理论也有其局限性，即一些政策因素或者国家内部的经济结构变化，会对购买力平价指标产生一些未知的影响。运用购买力平价理论分析问题的前提条件，就是要看清购买力平价理论是否适合于分析某国或某地的经济和金融情况。

市场意志原理：听太太的话没错

😊 幽默故事

老王和同事老李聊天，两个人都聊起了自己的太太。

老王："我太太昨天狠狠地把我骂了一顿。唉，这日子真是难受。"

老李："哪有不吵架的夫妻啊，过日子就是要磨合。"

老王："与其说磨合，还不如说被磨合。你看我，太太每骂我一顿，我就对她更和气一些。"

老李："夫妻相处得注意技巧，我和我太太从来不吵架。"

老王："真羡慕你们，你是怎么做到的？"

老李："秘诀就是，你要说服自己听太太的话没错，并且你还要说服太太，让她觉得自己正确。"

🎙 趣味点评

如果做一个简单的类比，夫妻关系与经济活动一样也有供给和需求关系。比如老李和老王都和自己的太太吵架，老李通过配合太太而获得了太太的原谅。与之相反，老王因为不配合太太而被"修理"了。

在夫妻关系中，妻子有获得情绪满足的需求，丈夫通过积极配合妻子，为妻子提供情绪满足的供给。因此，协调夫妻关系的关键之一就是妻子能够收到丈夫积极的情绪反馈和供给。正如老李所说："你还要说服太太，让她觉得自己正确。"这就是说，丈夫要为妻子的需求提供相应的供给。这个故事反映的道理类似金融学中的市场意志原理。所谓市场意志原理，是指根据市场需求进行供给，通过市场运行规律来进行发展。

金融学解读

市场意志原理，就是按照市场的意志做出调整，根据市场需求走势做出相应的变化。就好比上述故事中，丈夫要根据妻子的心理需要来提供相应的供给，让妻子心里感受到丈夫的尊重和支持。

在金融活动中，金融市场的需求往往对金融机构、金融工具和金融产品具有很大的影响，这不仅体现为理论上的联系，更体现在实践运行中。

当市场具有某种需求时，商人就会开发出更多具有需求潜力的产品，这种围绕市场需求而做出供给改变的现象，实际上就是市场意志的体现。

比如同样的家居产品，如果一款家居产品的智能化程度很高，得到了市场消费者的追捧，就会有越来越多的竞争对手开发类似的具有智能化特征的家居产品，这就是根据市场需求来实现市场供给，更精准地获取利润。

下面，我们以创业者向银行贷款的过程为例，说明银行和创业者的活动是如何按照市场意志原理来运行的。

当创业者想要创业时，往往会面临启动资本不足的问题，这时就有借贷的需求。那么银行应该怎么办呢？当然是贷款给创业者，让创业者完成创业项目，获得发展，然后有能力归还本金，并向银行支付利息。银行也会因此获利。

问题在于，起初并没有银行敢这样做。问题出在哪里？因为银行难以保证自己可以收回借贷出去的款项。一旦款项难以收回，那就是竹篮打水一场空，银行就要承受损失。银行只好想办法，既要给创业者贷款，又能保证银行不会亏损或者降低亏损风险，这就产生了抵押。

贷款抵押依然存在风险问题，比如抵押物难以收回，或者抵押物资不抵债，甚至抵押物是虚拟物品等。这就要求规范抵押贷款的行为，包括约定抵押的物品内容、抵押过程中产生问题的解决办法、抵押物资不抵债时的处理方法等。

当抵押的风险问题解决后，是不是银行就可以放心地借贷给创业者，让创业者立刻启动创业项目呢？还是不行。因为要约定借贷款项的发放方式，比如是现金还是汇票，再如是一次性发放款项还是分期发放款项等。当然，还需要约定好偿还借贷款项的方式，比如是分期偿还还是一次性偿还，利息如何计算等。

在创业者产生借贷需求，而且银行也能供给的情况下，银行在给创业者发放贷款时，需要根据市场运行情况来做出相应的调整。比如为创业者提供不同还款方式的选项。有的创业者是流水式回款，那么就适合运用分期付款的方式。有的创业者是密集型回款，那么就比较适合一次性付款。银行要根据创业者的不同情况，打造不同的产品形式，以此来完成借贷工作，获得可观的利润。

日常应用

市场意志理论表明，市场需求在一定程度上能够给金融活动带来深刻的影响。所以，我们在进行金融活动时，要注重运用市场意志理论来分析金融市场，以便做出合理的投资决策。

1. 金融行为

金融活动是市场运行过程中产生的行为，因此市场可以从各个方面来影响金融活动。这说明，金融活动要时刻注重市场动向，不管是未来趋势的发展,还是现有活动的变化等,都需要敏锐的观察和把握。

2. 金融活动规律

金融活动在根据市场规律为市场提供相应的产品供给时,也要考虑金融风险,不断地调整产品方式和形态,以此来适应市场需求。比如,对于没接触过股票的人们,金融机构往往会提供很多股票投资的建议,却并不能立即起到很好的效果。投资是个渐进的过程,因为只有先学会爬,才能站起来,进而学会跑。因此提供股票投资建议,要在投资者获得一些金融知识的积累后,再进行交流分享。

3. 金融风险

对于潜在的市场危机,投资者要注重洞察,虽然有点儿难度,但是不可以不作好准备,以应对可能存在的风险,尽量减少损失。

实际上,金融活动在根据市场需求提供产品时,也要考虑现实可行性和可预见的风险并做出评估,以免遭受无谓的损失。

预期效用理论:有5个女朋友的渣男

😀 幽默故事

有一个男孩同时谈了5个女朋友。

当他到了结婚年龄时,家里催婚催得很紧。他受不了,就分别跟5个女朋友说要结婚。

女孩A:"咱俩不合适,你可以找B。"

女孩B:"咱俩不合适,你可以找C。"

女孩C:"咱俩不合适,你可以找D。"

女孩D:"咱俩不合适,你可以找E。"

女孩E:"咱俩不合适,因为我也有5个男朋友,我不着急。"

男孩:"据我自己的经验,一开始不着急,后来着急不来,要不你以为我为何找你?"

趣味点评

面对催婚,男孩依次选择结婚对象,可是他的选择都是无效的。对于男孩的5个女朋友而言,她们知道彼此的存在,而且对于男孩的做法可能也有预料,所以她们的想法一致,就是让男孩的想法落空。这让男孩明白,期望越大,失望就越大。虽然他有5个女朋友,可是这些女孩并没有与他结婚的打算。也就是说,男孩的预期收益很大,而实际收益为零。这说明,实际结果与期望结果不符,有时甚至南辕北辙。这种现象反映的原理称为期望效用理论。期望效用理论是指对某个期望结果的满足程度,是这个结果可能出现的效用及其概率的加权值。

金融学解读

简单地说,你的预期结果是由你可能获得的结果分别乘以相应的出现概率再相加的结果。

比如,你今天对家里晚饭的预期结果是四菜一汤,那么你在分析真正可能出现的结果时,就要考虑一菜、一菜一汤、两菜、两菜一汤、三菜、三菜一汤、四菜、四菜一汤、五菜及以上等情况,并估算这些情形可能出现的概率,然后对可能出现的情形的概率求和,得出的结果就是你可能获得的预期结果。

期望效用理论实质上就是一个预期结果的概率和。这就好比你进行一次投资，面临3个选项：A方案的收益率为5%；B方案的收益率为10%；C方案的收益率为15%。当你往这3个方案投入的资金相同时，那么你的期望收益率实际上就是5%、10%、15%的和再除以3，也就是10%。

毫无疑问，上述例子是简化后的期望效用模型，实际问题中的计算因素非常多，涉及几十个甚至几百个因素，而且每个因素的比重不同，附加的收益率不同，再加上其他辅助条件，比如某些因素在另外一些因素出现时就会失效等，那么实际计算过程就会非常复杂，结果与简化模型得出的直观数据可能不尽相同。

运用期望效用函数可以帮助我们分析投资的预期收益。当然这种计算由我们自己来操作时，就要抓住主要因素，忽略次要因素，然后运用简化的方法来进行计算，计算所得的结果也要同咨询公司、企业业绩和声誉等多方面信息进行相互验证。毫无疑问，单独运用自己算出的期望效用值来进行投资决策，除非在紧急情况或者某些比较有把握的情况下进行，否则不建议采取这种决策方式。

比如我们花10元买彩票，如果有5%的概率可以中50元，而有95%的概率什么也不会获得。那么你是否买彩票呢？答案是肯定的。因为你获奖的预期收益是50元，而你的成本只有10元，相当于可以净赚40元。当然，这里我们只是举例说明，现实生活中没有中奖率这么高的彩票。

下面我们接着讨论这个问题。现实情况是，即使有上述那么高的中奖率，可能依然没有那么多人去买彩票。这是为什么呢？因为人们在做决策时依托的是期望效用，而不是期望的收益。

也就是说，你可能会对期望收益心动，比如你进行高风险投资，一年后会翻倍获利，但是也可能颗粒无收。那么你会怎么选择呢？绝大多数人会规避较高风险，而选择中规中矩的投资。这就是说，人们更多的时候是考虑如何获得合理的期望结果，而不是为了收益而真正豁出去铤而走险。

这里就涉及一组概念，即风险厌恶者、风险中性者和风险偏好者。风险厌恶者，就是不愿意承担太多的风险，遇到高风险唯恐避之不及；风险偏好者，就好像苍蝇看到一块西瓜一样，即使面临风险也要争相抢夺；而风险中性者居于中间，既不会太害怕风险，但也不会太大胆。

日常应用

投资者在进行投资时，可以根据不同的风险应对态度，采用预期效用理论分别做出相应的分析和决策方案。

1. 风险厌恶者进行低风险投资

比如国债、银行存款、保本型基金等，这些金融产品能够持续获得收益，随着时间的积累最终也能获得很大的收益。

2. 风险偏好者进行高风险投资

比如进行股票、基金、期货等市场的实时投资，根据市场变化做出相应的调整，以求收益最大化，同时也承担相应的高风险。

3. 风险中性者进行高、低风险项目的组合投资

在保证持续获得收益的同时，也适度地进行高风险投资，在可控的范围内承担风险，以此获得比低风险投资更多的收益。

第四章　原理篇：幽默解读金融运行机制

前景理论：选错了会吃亏

😊 幽默故事

两位男孩玩游戏比赛。

本来是快乐的比赛，但是他们都弄得灰头土脸。因为他们相互耍赖，抢对方的玩具，并为此打得不可开交。

甲："你真是个孩子，耍赖皮。"

乙："笨蛋，你才是赖皮。"

警察把他们拉开的时候说："看来你们都需要请家长来。"

🎙 趣味点评

两位男孩在游戏过程中忽然因为一些事情而陷入争执，最后甚至打了起来。他们本来想好好玩游戏，从中获得快乐，但是没想到最后却不欢而散。实际上人们在计划做一些事情的时候非常理性，但是在执行过程中往往会受到各种因素的影响，从而变得不理性，以至于做出不合理的决策或者造成难以挽回的后果。这种现象在金融领域体现的原理称为前景理论。

📈 金融学解读

相对于理性人假设，前景理论提出另一种观点，即人们在做出经济决策的过程中，不仅受到理性因素的影响，还受到很多非理性因素的影响。

可以说，理性人理论是经济决策的理想状态。但是，很多时候理想是丰满的，现实是骨感的。前景理论描述的状态，可能更接近于我们实际投资决策过程中的情形。

当你要完成一项股票投资时，明明数据趋势分析结果显示 A 公司更具增值潜力，而 B 公司股价可能要下跌了，但是因为你更喜欢 B 公司产品，所以还是购买了 B 公司股票。结果不到半个月，B 公司股票暴跌，你的投资损失惨重。虽然你再也不会购买 B 公司产品，但是你的损失也无法挽回了。

你本来想要借贷给 A 企业，因为你和 A 企业的经理关系不错。但是某天你听人说，这位经理曾经背地里说你的坏话，你听后愤怒至极，就再也没有和这位经理联系，而是把钱借贷给了 B 企业。后来 B 企业因为资金流转顺畅而熬过了创业的起始期，发展得有声有色。然而 A 企业因为资金链断裂，无奈之下选择了破产。当 A 企业的经理辗转许久，终于和你约在一次饭局时，你才明白说你坏话的正是 B 企业的员工，而 A 企业的经理自始至终都没有说过你的坏话。这种决策过程中的偶然因素也是影响最终结果的非必要充分条件。

前景理论的核心观点认为，人们在决策过程中往往会设定一个参考点作为预期目标，然后分析实际可能出现的结果与预期之间的关系。

对于确定的高于预期的结果，人们往往会出于规避风险的考虑，做出确定的较小收益选择；而对于低于预期的结果，人们往往乐于承担风险，而去选择更高风险的较大收益。

比如，一次射击比赛规定，每人打 5 次靶标，然后可以选择一种奖励方案。第一种奖励方案：如果每次都在 8 环以上，就可以获得奖金 1000 元；但是，如果有一次不到 6 环，就一分钱也得不到。第二种奖励方案：每次射击环数不作要求，只要总分超过 30 分，就可以获得奖金 500 元。大部分参赛选手都选择了第二种方案，只有少数射击高手选择了第一种方案。

而在另一场选择中，在金融投资平均回报率5%的情况下，一家金融企业为投资者提供了两种投资方案：一种是组合投资获得8%的回报率，但风险系数是70%；另一种是组合投资回报率5%，风险系数是50%。投资者更愿意选择低风险的投资方案。

日常应用

前景理论提供了一种复合的决策思维，也就是要综合考虑理性因素和非理性因素，进而做出更有利的选择。

1. 理性占优决策

考虑投资决策时，尽量在理性占优的情况下做出决策，并在理性占优的前提下行动。如果我们有时难以控制自己的行动，那么最好的决策就是不行动。破解冲动的奥秘，就是阻断冲动的链条，让自己始终处于放松的状态。

2. 目标预期决策

在目标预期离实际情况较远时，决策可以大胆一些。比如，你每月只能通过投资获利1000元，那么你可以给自己设定一个1万元的目标。反之，当你的目标预期距离实际情况比较接近时，决策反而要谨慎一些。

比如，你投资的某款基金最近一段时间赚了不少，按照这样的投资回报率用不了两个月，你就可以收入10万元。然后你信誓旦旦地向赵某承诺到时这笔钱可以借给他。但是没过几天，你投资的基金开始下跌，你不但没有赚够10万元，还有一些损失。这时如果你不借钱给赵某，对方会认为你不守信用。为了履行诺言，你只能从其他投资中抽调资金或者从别人那里借钱拿给赵某。

3. 行动节奏决策

当你的目标预期设置比较合理时，那么你在实际行动上要保持适当的节奏，并根据金融市场的变化及时做出动态调整。很多时候目标预期合理，并不代表结果可以完全实现，因为在具体的金融实践活动中，很多细节可以变为不利因素甚至影响全局。

沃尔森法则：失望的投资者

幽默故事

一位投资者找到自己的投资顾问说："你这个骗子！我太失望了，上次股票投资颗粒无收。"

投资顾问："我当时告诉你操作方法后，你是怎么做的？"

投资者："我当然是大量买入那只股票，你当时在电话里向我喊道'买它'。"

投资顾问："等等，我的建议是'卖它'，你这个笨蛋。告诉你让我来管理投资就行，你非要自己操作，假装自己是个专家，现在好了吧？"

投资者："我可能成不了专家，可是你呢，事后专家也是专家，是吧？"

趣味点评

本来卖出股票，投资者就能大赚一笔，而且投资顾问也能因此获得提成和良好的声誉。但是由于投资操作是由投资者进行的，而且投资顾问未能准确地向投资者传递信息，这就造成了投资者的操作错误。

更没想到的是，本来投资者聘请投资顾问的目的，就是由投资顾问来进行一些投资操作,这样就能最大限度地根据市场形势做出动态调整,既可以更好地获利,也能有效地规避风险。但是投资者和投资顾问反其道而行之,最终造成了失误。也就是说,金融投资可能因为拥有信息优势而获益,也可能因为信息劣势而造成损失。这个案例涉及的金融原理,称为沃尔森法则。所谓沃尔森法则,是指当你获得信息优势时,你将会源源不断地获得收益。

金融学解读

当信息优势能够让你比别人占得先机时,先发优势的红利就会给你带来持续的收益。反过来,当你不具备信息优势时,你只能保持不损失,或者避免更大的损失。上述案例中投资者的情形,就是沃尔森法则的反面,因为失去信息优势,造成投资红利的丢失,进而遭受损失。

特别是在信息社会,当你能够比别人获得更多更具价值的商业情报时,投资就更容易获得成功,收益也会滚滚而来。

以前有个地方,人们都不穿鞋。A鞋企的调查员在调查后,得出结论:这个市场开发潜力为零。然而,竞争对手B鞋企的调查员在调查后,得出市场潜力巨大的结论。

于是B鞋企派调查员去说服当地的人穿鞋。经过B鞋企的不断推广,当地的人们开始养成了穿鞋的习惯。B鞋企凭借先期的推广获得了先发优势,即使其他鞋企不断地推出优惠活动,策划更多的推广,其效果也都比不上B鞋企。

信息的获取是一方面,对信息的开发和利用是另一方面。金融领域内,信息的获取有时差距不大,但是对信息的处理和分析则千差万别。即使获得了同样的信息,但是经过拥有不同经验的人运用不同的分析方法形成的分析结果也可能完全不同。

有很多金融机构,在投资上赚得盆满钵满,但是也有些金融机构亏损较多，说到底就是对信息和情报的运用出现了差别。只有那些能够善用信息的机构和人，才能在金融活动中获得更多回报。

我们以股票投资为例。如果我们要买入某只股票，首先要了解这只股票的信息。比如股票持有公司的情况，经营业务范围、业绩、产品、生产效益、客户满意度和社会影响力、发展前景等。我们在决定投资前，务必要清楚地掌握这些信息，并尽可能地知晓一些细节，以避免因为一些疏忽，而带来关键细节的误判，造成投资失败。

那么，只有这些就足够了吗？当然不是，要想获得信息优势，你需要获得和咨询公司同等或者略多的信息，甚至综合各家咨询公司的分析数据形成更加完备的信息数据，以此获得更加可信的分析结果。

日常应用

在投资活动中，充分运用沃尔森法则能够给我们带来更多收益，因为在投资活动中能否获得收益、获取信息优势最为关键。那么我们如何运用信息优势开展金融活动呢？

1. 把握竞争环境，特别是行业形势和竞争对手的情况

当竞争对手已经占据市场大部分份额时，我们再寄希望于企业在现有格局中突围，显然难度较大。最好的状态是，当前行业内相关产品和项目是一片蓝海，现在进行投资正好可以获得红利。所以，对于竞争对手的分析和预判非常重要，这是帮助我们决定是否投资及投资规模大小的关键。

2. 要分析企业内部组织结构与管理运行和研发情况

一家企业如果管理低效、运行不畅、研发投入产出不足，那么这家企业是不具备投资价值的。但这里还有个重要条件，那就是客户基础。比如，联想集团拥有数千万用户，那么即使 PC 市场下滑，它也依然可以通过流量变现

其他产品来维持盈利。

3. 要把握企业的未来战略，以及相应的战略资源储备和开发

有些信息事关企业发展的可持续性，决定了企业是否能够长期获利，是否能在不断的竞争中保持竞争力，从而给我们带来持续的投资收益。

格雷欣法则：睁一只眼闭一只眼

幽默故事

品牌店里，老店员问新店员："最近你的业绩真不错，比我们老店员都高很多。你是怎么做到的？"

新店员："其实也没什么，只不过我想当然地认为自己只有一个眼睛，每次顾客问我的意见，我就对他们说：'您已经选择了最好的，现在是您做出决定的时候了。'然后他们就真的做出购买决定了。"

老店员："你不是有两只眼睛吗？看到他们挑选的衣服不合适，难道也不提出更好的意见吗？"

新店员："重要的是你要弄明白，提出意见以后呢？"

老店员："当然是服务好我们的上帝——顾客。"

新店员："做决定的是顾客，顾客需要我睁一只眼闭一只眼。"

趣味点评

当利益当前的时候，很多人选择利益。在上述的案例中，虽然新店员做销售员的时间很短,但是他掌握了销售的一个关键原则,那就是让顾客满意。当顾客难以做出判断,向你询问意见时,销售员应该察言观色,按照顾客的喜好提出意见,这样销售的成功率就很高。与之相反,老员工并没有这样做,他选择按照自己的专业角度来为顾客提供服务。虽然老员工的建议可能更中肯,但是在心理感受上并不能让顾客有成就感,所以成交量并不高。

作为销售员最好的营销办法就是,既从专业的角度进行分析,又按照顾客的喜好给予合适的推荐,这样就能更中肯,也更有效地促成销售,从而达到盈利的目的。这个原理称为格雷欣法则,简单描述就是劣币驱逐良币。

金融学解读

格雷欣法则指出,如果市场内较差的商品能够以次充好,那么市场内较好的商品将会越来越少;与之相反,那些以次充好的商品将会越来越多。

其实这个法则很好理解,因为按照逐利原则,在产品价格保持稳定的前提下,生产产品投入的成本越低,收益就越高,就会吸引更多的投资者和投资。

有一个很有趣的例子。智能手机刚刚兴起时,很多山寨品牌出现,由于价格低廉等原因,对当时各大品牌正版智能手机的销售造成了冲击。虽然很多人使用正版智能手机,但是也有不少人使用山寨手机。这就是智能手机在某个发展阶段中的劣币驱逐良币。当然,随着市场发展,正版智能手机产品在山寨智能手机产品面前取得了绝对性的胜利。

下面看另一个例子。一位商人拿着上好的茶叶去茶市卖,价格和普通商家中等的茶叶相同。一段时间内,吸引了一批顾客去买他的茶叶。

于是,别的商家开始用较差的茶叶卖很低的价格。当价格差呈现在顾客面前时,很多顾客开始转向购买低价茶叶。当越来越多的顾客开始购买低价茶叶时，商家适时推出了卖中等价格的茶叶，市场销量也不错。

商人拥有上好茶叶，但是不受大众的欢迎，顾客越来越少。后来他发现售卖低价茶叶的利润并不低，于是他开始卖更多种类的低价货。随着回头客的增多，商人减少了上好茶叶的供应，开始增设更多的中等和低价茶叶商品。

此时，市场趋于同质化，但是维持了利润的平衡和商家店铺的顾客量平衡，从而可以共同生存下去。

对于格雷欣法则而言，其意义不言自明。问题在于，当社会上越来越多的劣币驱逐良币时，社会公平正义就会受到破坏，社会大众将面临道德、伦理的问题。这就告诉我们，当发现格雷欣法则出现苗头时，就需要进行有效的预防和积极的应对，以此来维护社会的公平正义。

日常应用

那么，如何来破解格雷欣法则呢？主要是通过三种途径：预防、监督和惩罚。

1. 针对可能出现问题的情况进行预防

比如，在货币流通领域里，随着流通的劣质货币越来越多，导致流通的良质货币越来越少，从而容易引起货币体系趋于不稳定。为了避免这种情况造成不良影响，需要平衡好货币价值和货币流通之间的关系，避免出现货币流通不稳定的情况。

2. 对行为活动进行有效监督

比如，某银行在贷款服务中，未经许可提前放弃抵押物。那么这种行为就可能会给银行带来损失。如果金融监管机构及时介入，就能有效规范这样的行为活动。

3. 让破坏规则者受到惩罚

对于恶意破坏规则，总是运用劣币驱逐良币的方法来进行金融活动的机构或个人，普通金融活动参与者可以收集相关涉及违法的证据，通过法律诉讼等途径来保障自身利益不受损害，同时也能震慑金融机构和个人，使之不敢盲目逐利而降低金融产品品质，从而维护社会公平正义。

第五章

模型篇：巧妙分析金融活动的利器

财务杠杆率：小心，不要跳得太高

😊 幽默故事

教练在操场上指导撑竿跳运动员训练。

运动员："教练，我感觉这个撑竿有点儿短，我想换一个长一点儿的，这样我的成绩应该会提高。"

教练："撑竿只是一个辅助工具，撑竿跳的关键是跳，你在当前的条件下一直没有进步，说明自身潜力挖掘还不够。不过，我可以让你试试更高的撑竿，但要注意安全。"

运动员为了取得更好的成绩，用长撑竿进行了多次挑战，其中有几次确实取得了一些进步。

不久，运动员在一次跳跃中落地不稳，脚踝扭伤了。他说："糟糕，一个星期后还有比赛，这下完了。"

教练："我看你成功了，成功地找到了推托比赛的理由。"

🎤 趣味点评

撑竿跳运动和金融投资有一点类似的是，在获得更高收益的同时，也要承担更大的风险。当然，成绩和风险本来就是相伴的，稳妥一点儿更好。一旦所要承受的巨大风险真的来临，预期的收益也可能损失殆尽。金融投资是获得收益的良好方法，但是一味地执着于高回报，必将会受到高风险的伤害。

第五章　模型篇：巧妙分析金融活动的利器

真正成功的投资，必然是理性的投资，也就是保证风险是可控的，或者风险处于能够接受的范围内，这是开展金融活动必须牢记的一道安全防线。反之，如果为了扩张业务而盲目地进行借贷，一旦后续资金不足难以偿还贷款，那么相应的投资链条也将中断，会给投资活动带来沉重的打击。这里涉及的概念是财务杠杆率，也就是总投资占实际资产的比例。财务杠杆率越高，风险也就越大。

金融学解读

财务杠杆之所以称为杠杆，是因为通过杠杆力的作用，能赋予它省力的因素。物理杠杆通过增加动力臂长度，来节约付出的力量；而财务杠杆是通过增加贷款数量和频次来节约自有资金的支出，更进一步提高自有资金的收益水平。这里有个基本条件，就是贷款利率低于资金利润率，也就是说，投资的利润率要比借钱的利息高，否则贷得越多，赔得就越多。

当然，财务杠杆既可以放大收益，也能放大损失。一方面，人们运用财务杠杆的原理进行金融活动，可能获得较大的金融收益；另一方面，人们推高财务杠杆率，也不得不时刻处于危险之中，并可能在某个时段遭受损失。

比如某个新开盘的楼盘售价每平方米6000元，假设首付30%，那么一套100平方米的房子，你只需先付18万元，然后办理贷款，按期还款就可以获得一套房子。半年后，这个楼盘的房价涨到了每平方米1万元，原来卖60万元的房子价格涨到了100万元。当你把这套房子卖掉后，就可以净赚40万元。这就是用18万元撬动了40万元的收益，所需时间仅半年。可见，如果能够熟练地运用财务杠杆原理，金融投资的收益就会非常可观。

银行能够利用高杠杆来赚钱，比如利用自身资本借出贷款，资产越多，能够借出的贷款也越多；再如通过融资来进行投资，扩大自身业务，获取更多的利润。通俗地说，当银行想要创造更多的资本流动性时，往往希望拿出最少的钱，进行更多的金融贸易，收取更多的利息。同时，银行可以拿出很少一部分钱去放贷，并希望被贷款的次数更多。

如果一家银行或企业推出高杠杆率的金融产品，那么在获得高收益的同时，也将面临高风险。当前，我国大多数银行和企业没有发生类似问题，其根本原因就在于监管机构、银行及投资者在控制金融产品处于较低杠杆率方面具有一定的共识。

但是，一段时间以来，国外的一些银行为了追逐更高的利润，不管是聚焦于抵押贷款领域的专业银行，如美国新世纪金融公司、英国北岩银行等，还是大型综合类银行，如花旗银行、美林银行等，都以较高的杠杆率来开展金融借贷业务。所以2008年源自美国的次贷危机爆发后，这些银行都遭受了较为严重的投资损失。这再次给投资者提了个醒：高杠杆率是危险的，只有保持适度的杠杆率才合理。

日常应用

进行金融资产管理时，一定要把握财务杠杆的原理，做出系统和深入的分析，搞清楚融资负债与资产扩张之间的关系，这样才能既利用财务杠杆的原理获得收益，又能及时防范因财务杠杆率太高而引发的风险，保持健康合理的投资收益和风险管理效益。

1. 创造财富

财务杠杆的原理告诉我们，如果想获得更高的收益，就应该熟练掌握和运用财务杠杆的操作来投资。只有合理运用财务杠杆的原理，开展金融活动才能达到事半功倍的效果。

2. 规避风险

财务杠杆率越高，金融风险系数就越高。对于整体金融投资效果来看，显然有效控制风险更有必要。有时候金融风险对于金融活动是致命的，这要求开展金融投资时要时刻考虑风险是否存在、风险程度如何、如何应对风险等问题。

3. 平衡利益

一方面我们想要尽可能地获得收益，另一方面我们又不想承担风险，这是不现实的。真正的金融投资要求我们平衡好获取收益和承担风险之间的关系，既要考虑收益的可获得性，也要保证风险的可控性。

恩格尔系数：红烧肉的脾气

☺ 幽默故事

一对夫妇的生活处于温饱水平。为了多存钱他们每周只吃一次红烧肉。

后来，他们创业成功，经济状况有了很大的改观，但每周依然只吃一顿红烧肉。

一天，他们谈论起生活的变化。

丈夫："我们天天忙忙碌碌，到头来还是每周吃一次红烧肉。也不知道我们这样折腾，到底是为了什么？"

妻子："你要是想吃红烧肉就直说，今天就给你做。"

后来，妻子执意将他们吃红烧肉的频率改成了两三天一次。

只过了一个月，丈夫就对妻子说："一周吃一次红烧肉就行了，我们还可以吃一些其他食物，或者做一些更有意义的事，比如进行健身、进修学习等。"

妻子："你想吃就吃，不想吃就不吃，红烧肉还有脾气呢，以后你再也别想吃到了。"

趣味点评

这对夫妇的经济状况好转了，但是食物消费的变化却不大。妻子说红烧肉"有脾气"，实际上是说她对丈夫有一些小脾气，而源头是丈夫对生活，特别是食物的不满意。当家庭富裕之后，人们的生活需求开始变得多样化，用于满足基本生活需要的饮食需求也会发生变化。

对于某个家庭而言，人们产生其他的消费需求，获得更多的消费机会，去体验不同的消费服务时，食物消费在总体消费中的比例将会下降。一般而言，随着家庭和个人收入的增加，人们用于食品方面的支出比例将逐渐减小，这一定律称为恩格尔定律。食品消费在总体消费中的比例称为恩格尔系数，它是体现人们经济生活水平的重要指标之一。

金融学解读

恩格尔系数是指食品消费在生活总消费中的份额。恩格尔系数越小，说明家庭越富裕，反之，数值越大，则家庭越贫困。

作为最刚需的生活要素，食品是具有生存意义的消费品。食品消费直接关乎温饱问题，因此其在家庭总消费中的绝对值及相对值都是体现家庭富裕程度的重要标准。毫无疑问，一个家庭如果有足够多的财富可以从事购买食物以外的其他经济活动，就给金融市场带来了增长的潜力和机会。

一个国家或城市社会平均恩格尔系数越小，说明这个国家或城市越富裕。当前，人们逐步从追求温饱为主，向追求美好生活为主进行转变。这说明随着我国经济社会的发展，人们的生活更加富裕，生活追求也更加多元化了。

恩格尔系数是19世纪中期由德国经济学家和统计学家恩斯特·恩格尔提出来的。他在30岁时成为政府统计官员。此后将近30年里，恩格尔一直进行统计实践，因此他的工作经验和知识积累非常深厚。

恩格尔非常擅长将统计学与行政工作结合起来，产生了很多有趣和有意义的成果。比如，他在很多调查项目中对家庭消费状况等进行了分析和研究，恩格尔系数就是由他在进行家庭调查时提出的一项综合性的评估指标。

根据恩格尔定律，如果家庭消费中食物消费在总消费中所占比例非常高，那么说明家庭并不富裕。如果我们能够将越来越多的消费向住宅、出行、医疗、娱乐、教育等方面倾斜，那么我们在食品消费上的比例就会下降，这是家庭走向富裕的一种重要体现。

实际上，在封建社会，经济形式主要以农业和手工业经营为主，商业发展相对滞后，家庭食品消费所占家庭生活消费的比例很高，这就客观上造成了此时恩格尔系数偏高，也从理论上反映了封建社会经济发展不够成熟的问题。

当商业社会逐步发展，文化生活出现多元化发展，呈现繁荣兴盛的形态，那么人们的消费结构就从单纯的生存为主逐步向生产、发展和享受为主转变，这种消费结构的变化，反映在恩格尔系数所代表的指标内容上，就是食品消费所占比例下降，其他消费所占比例上升。

当恩格尔系数下降时，伴随的是社会发展和人们的享受性消费逐步增多，比如教育、娱乐等；相反，当恩格尔系数上升时，伴随的是人们更关注生存性消费，比如食品消费。也就是说，恩格尔系数反映的是较长时间的整体现象，而不是具体到某天黄瓜涨价了还是降价了等具体情形。

同时，恩格尔系数代表的是平均水平，不同地域、人群等由于存在一些特定的资源分配方法，使用恩格尔系数进行分析并不适合。比如，对于美食家或者素食主义者、简餐主义者等特殊人群，美食家很爱品尝美食，所以食品消费方面的支出就相对较多；素食主义者等人群则提倡简约用餐，那么他们花在食品消费上的支出可能相对较少。

日常应用

恩格尔系数虽然是一个宏观指标，但是它依然和人们的日常生活息息相关，特别是与人们的消费生活有很大关联。当恩格尔系数出现变化时，可以通过数据分析进行客观判断，做出有利于自己生活的决定，以期更好地获得收益。

1. 找工作

恩格尔系数较低时，人们的生活相对比较富裕，各个企业的工资福利待遇都保持较高水平。因此，人们即使辞职，也能更容易找到待遇不错的工作。反之，当恩格尔系数较高时，说明工资福利待遇较低，人们的消费被严重限制，只能保证日常食物所需，这让人们不敢轻易地做出辞职的决定。

2. 做储蓄

当恩格尔系数较高时，说明赚钱相对比较难，那么就要抓紧机会进行储蓄，这样才能更好地积蓄资金，保证正常的生活消费，以应对后续可能面临的困境。当然，恩格尔系数较低时，人们依然需要做好储蓄，但是没有那么紧迫，这时还可以进行其他投资活动，或者进行其他消费以提高生活质量。

采购经理指数：不敢入职的应聘者

幽默故事

一位应聘者将被企业录用为采购经理。他问人事经理："公司一个月的采购项目有多少种？"

人事经理："一百多种，供货商有几十家。"

应聘者："那规模还是挺大的，工作应该很累吧，工资还能再高些吗？"

人事经理："一个月的采购任务最多一个星期就干完了，现在给你的工资已经偏高了。"

应聘者："那我考虑考虑，明天给您答复。"

人事经理："这有什么可考虑的，真的条件非常好了。"

应聘者："一个星期就能干完一个月的采购任务，这在景气的公司是永远做不到的。条件虽好，但我不想刚入职就离职。"

趣味点评

应聘者从人事经理口中获得了公司经营的关键信息：一个月的采购任务只需一个星期就可以干完，那么公司的生产量一定是有所压缩的，也就代表企业经营已经陷入困境或者具有这样的倾向。即将入职的应聘者抓住这个信息开始重新考虑是否要承担刚入职就离职的风险。

在很多情况下，企业采购经理所掌握的企业生产信息都很准确，具有前瞻性。采购和库存的情况，可能代表企业未来需求的预期。在这样的情况下，一个采购经理的工作量，往往反映了一家企业的业务情况。如果采购经理的工作量较低，那么业务量就不会高。推而广之，如果诸多企业的采购经理所提供的数据都显示企业生产经营在下滑，那么说明行业甚至整个经济领域都在下滑，这为金融投资活动提供了借鉴。这里涉及的概念是采购经理指数，它是诸多采购经理在采购活动中的表现数据汇总后形成的指标，可以代表某个行业领域内生产经营活动的情况。

金融学解读

采购经理指数是对采购经理的采购活动情况进行调查汇总形成的一种综合性指标，能够反映经济的发展趋势。至于采购经理指数如何计算，由于涉及要素众多，同时计算涉及加权等运算，因此此处略去计算方法的介绍。当然这并不影响我们运用采购经理指数去分析经济趋势、金融行为。

作为一项宏观的经济指标，采购经理指数一般由国家统计部门来统计发布。我们需要运用采购经理指数时，可以查阅国家统计局公布的有关数据。采购经理指数以50%为界限，显示出不同的经济发展趋势。如果采购经理指数低于50%，则表示经济下行，或者行业发展潜力下降；如果采购经理指数高于50%，则表示经济上行，或者行业增长空间较大。

在对采购经理指数进行分析时，主要区分以下两种情况。

1. 采购经理指数高于50%

当市场需求旺盛时，生产需求可以获得很好的保障，这对原材料的供应提出了很高的要求，需要及时保量地供给。此时采购经理的采购活动比较频繁，而且，相应的原材料市场也很繁荣，产业链上中下游的发展都很好。此时，如果投资者抓住机会进行投资，一般能够获得收益。

2. 采购经理指数低于50%

当市场需求疲弱时，生产规模开始压缩，对原材料的需求就会减少，这时市场生产出的多余原材料可能出现滞销，采购经理难以消化如此多的原材料供给，就需要压低原材料购买价格，这样产业链上游就面临损失，进而整个产业链都受到很大的冲击。投资者此时进行投资，无异于飞蛾扑火，只能做一些无谓的牺牲。

虽然采购经理指数是以采购经理为主要对象，但是其掌握的数据却覆盖生产、订单、员工、库存、供应等多个项目，并非仅限于采购。相应地，采购经理指数，是由多个分项指标编制而成的指数。采购经理指数既有总体指数，也有十几项不同的分项指数，其涵盖了企业生产经营活动的大多数方面，可以作为行业发展、企业运营和经济运行的参考指标，为市场、行业和企业提供趋势信息。

比如，企业采购经理指数中的员工指数在某段时间内增长了，表明企业正在加速扩张，需要更多的人力资源去支撑企业的发展，那么此时降低员工工资或者辞退员工就很难实现了。反之，如果采购经理指数中的员工指数降低了，那么说明劳动力资源充足，员工降薪或者被辞退的可能性增加。

当然，作为投资者，也可以根据采购经理指数的情况，判断一个行业或者一家企业的发展运营情况，并做出更为有利的投资决策。比如，某个行业采购经理指数中的订单指数增长了，那么这个行业的经营状况就是较好的，相应的原材料需求就会很旺盛，投资这个行业的原材料厂商股票，显然有利可赚。反之，如果一个行业采购经理指数中的订单指数持续下降，那么关于这个行业的原材料投资计划就可以束之高阁了。

日常应用

采购经理指数虽然是一个宏观指标，但在投资、工作和生活三个方面依然有很大的运用空间。

1. 选定工作方式

当采购经理指数低于50%，说明经济不景气，可能很多企业面临经营困难，这时我们就要通过兼职等方法获得组合式收入，扩展自己的收入来源，以维持适当的收入水平。反之，如果采购经理指数高于50%，我们干一份工作就能获得较好的报酬，这样就可以更好地享受生活，而不用牺牲时间和精力做副业。当然，每月或者每个季度，采购经理指数都可能出现变化，因而要动态地应对。

2. 选定生活方式

当采购经理指数较低时，物资有很多富余，这时我们如果有一定积蓄可以低价购置一些有品质的商品，以此提高生活的水准。当采购经理指数较高时，各种商品价格随之水涨船高，此时显然进行投资或储蓄更为合理，消费则应该适度减少。当然，制造业采购经理指数反映的采购情况与终端消费品价格也密切相关。比如，制造业采购经理指数下降，而终端消费品价格过快上涨，就可能造成中下游企业经营困难，影响相应的人群。

3. 选定投资方式

当采购经理指数较低时，适宜进行低风险的储蓄投资，而不进行高风险的投资；当采购经理指数较高时，可以选定一些高风险的投资项目，同时辅以低风险的投资项目，这样就能更好地获得收益。

第五章　模型篇：巧妙分析金融活动的利器

资本资产定价模型：坐"过山车"的农夫

😊 幽默故事

一位农夫养了两头小牛。他获利的心理预期很高：这两头小牛养大后卖掉能赚一大笔钱。

两头小牛长得非常好，农夫觉得可以卖个大价钱，就非常高兴。

其中一头牛忽然生病了，农夫很发愁：万一牛死了，不仅赚不到钱，还得赔本。

又过了一段时间，有一头牛生下了小牛，他又高兴起来，获利的心理预期立马又调高了：他认为自己将来会有一群牛。

邻居看他时而高兴，时而发愁，就说："养牛的你，好像坐在了跷跷板上面，忽高忽低的。"

农夫："要是跷跷板就好了，这根本就是坐'过山车'，你根本想不到该闭眼还是睁眼。"

🎙 趣味点评

在养牛过程中，农夫的预期收益像坐"过山车"一样起起落落，有时具有较高的预期收益，有时又感到预期风险很大，所以农夫的心情就像坐着跷跷板一样忽高忽低。

这与现实中的金融投资一样，投资者对如何准确判断资本资产的投资收

119

益也感到为难。通过不断地研究和探索，金融学领域的学者和工作人员逐步认识到，要确定投资收益，就要把握好投资收益与风险之间的关系。那么如何理性、科学地定位收益和风险之间的关系，更好地确定交易价格呢？这是金融活动中的一个基础问题，也是资本资产定价模型所要解决的问题。

金融学解读

在各类贸易活动中，如何确定交易物的价格是个关键问题。如果价格给高了，购买方就会遭受损失；如果价格给低了，销售方就会面临亏损。如何确定交易物品的价格是交易的基本问题，事关交易能否持续进行。

在金融活动中，资产的定价同样至关重要。人们以理性交易为假设前提，当人们买卖金融资产、做出金融投资决策时，必须考虑资产的定价。正是人们对价格因素能够做出敏感准确的反应，才使得人们能在投资中获利。相反，如果乱设价格，获利或者失利就可能会随机出现。

那么，如何对资本资产进行估价呢？这个问题确实很难回答。但是，自18世纪开始，随着一代代金融学家的不断研究，资本资产定价理论逐步发展起来，形成了许多定价理论，已经能解决越来越多的资本资产定价问题。当然，这些理论并不能完全解释复杂的资产定价活动，所以，定价理论依然在不断发展完善的过程中。

我们这里介绍的资本资产定价模型，是资本定价理论中一个很有代表性的成果。这个模型由美国经济学家威廉·夏普等人于1964年提出，其核心观点就是资产的收益实质上是承担风险的变现，这一理念后来成为金融学定价理论的基础。

资本资产定价模型主要体现的是资产在投资过程中收益与风险之间的关系，也就是在获得收益与承担风险之间进行博弈，最终表现为平衡价格。这

第五章 模型篇：巧妙分析金融活动的利器

个模型作用于现代金融市场价格评估领域，被广泛应用于投资决策和理财等方面。

资本资产定价模型的公式是：资产的预期回报率等于无风险情况下的回报率与预期回报率减去无风险利率出现的概率之和。如果说得更为直观一些，预期的投资收益率由两个投资概率决定。其中一个概率是不发生风险的投资回报率（一般比预期收益率要低），另一个概率是预期收益率减去无风险收益率出现的概率。概括起来，资本资产定价模型，体现的是在分散化投资组合的前提下，对投资风险进行定价的一种方法。

毫无疑问，投资活动中不可能存在无风险收益率。资本资产定价模型公式里的无风险收益率本身是一种假设，它代指一种充分发展的市场，即竞争比较充分，人们获取的信息一致，因而人们进行投资决策时的选择也趋于一致时的市场，这时对交易进行定价才合理有效。

以投资基金为例，如果我们把资金投资于基金市场，进行分散化投资，就可能让风险降到最低。在这种情况下，我们的预期投资回报率要高于无风险投资下的回报利率。考虑到预期回报率比无风险利率要高，这个差价产生的风险溢价也就是无风险利率与预期投资回报率的差。它们的出现概率是一个常数，揭示了市场回报率对市场经济状况的变化程度。

这个模型的通俗解释是，假设人们都希望自己的财富越多越好，那么如何让自己的财富更多呢？控制投资所产生的风险。假设我们对预期收益率有一个相对明确的认知，那么我们对于风险就需要进行合理的控制，以此来抵消风险所产生的损耗。

这就带来一种解决问题的思路：要判断金融产品价格是否合理时，可以分析这个金融产品的投资风险。如果投资活动存在很多不可控制的因素，能够对金融产品的收益产生巨大影响，那么这种投资的系统性风险就很高，也就是有风险的交易收益率较低。此时，很多投资者就会趋于进行无风险交易或者低风险交易的投资。

日常应用

实际上,资本资产定价模型主要是资本资产在交易阶段需要运用的工具。对于一般人而言,资本资产定价模型可以让我们更清晰地理解资本资产项目的市场预期,这对于投资决策也很有意义。

1. 辅助分析

资本资产定价模型本质上是一个分析工具。当我们难以做出投资决定时,就可以运用资本资产定价模型的数据来进行分析。比如,根据风险出现的概率来确定投资的稳定性,也就是当风险出现的概率很高时,就要谨慎投资。

2. 辅助决策

当资本资产定价偏高时,说明市场预期良好。此时,投资者可以跟进投资,从而获得收益。当资本资产定价偏低时,说明市场预期较差。此时,投资者就要谨慎投资,避免踩雷。

期权定价模型:所有人都感觉赚了

☺ 幽默故事

一位金融学教授和他的学生去郊游。他们遇到一头狼,只好躲进一间房子里。

学生很害怕,可是他很有钱,就对教授说:"教授,如果您把这头狼打败，我给您300万美元。"

教授微笑着点了点头，给另一个人打了个电话。一会儿有个人过来将狼打死了。

学生问教授："您是怎么做到的？"

教授："5年前，我在此处遇到狼，然后花100万美元请人打死了狼。于是，我就买了打死狼的看涨期权，现在等来了你。"

学生佩服得五体投地，问："您请来的这位是……"

教授："他专门养狼，是卖期权的人。"

趣味点评

上述故事中，教授5年前花费100万美元，与如今学生出价300万美元，体现的是对交易价格的认知。教授在5年前做出了投资的决策，他明白自己会赚钱。所以当学生面对狼的围堵感到慌张时，教授却很淡定。因为他的手中有筹码，有能够变现的期权。在教授和学生的期权交易中，教授掌握了交易的主动权，而学生接受了这种交易方法，并给出了自己的明确出价。这时交易的出卖方、转让方、购买方都对这一定价感到满意，所有人都感觉自己赚了。

实际的期权交易可能比这种情形复杂得多，其定价方法也不一而足，均包含着合理的成分，也可能会有一些缺陷。在不同的期权定价方案中，只有让各方均满意的模型才会被接受，这是不容置疑的。

金融学解读

期权是购买方支付一定的期权费后所获得的在将来允许的时间内买入或卖出一定数量商品的选择权。期权价格是期权合约中唯一随市场供求变化而改变的变量，它的高低程度直接影响买卖双方的盈亏状况，是期权交易的核心因素。

作为一种选择权利，这种权利的价值如何定义是困扰金融应用领域的一个重要难题。这个问题不仅在数学上是一个复杂问题，而且在金融领域困扰了很多金融学者，直到20世纪70年代这一问题才获得了一定的突破。

这里要解决的关键问题是，我们如何定义一种期权的交易价格。很明显，如果不能确定期权以何种价格进行交易，那么交易就无法进行。在这样的情况下，期权资产的定价就成为一个非常重要而紧迫的课题。

随着期权市场的高速发展，期权定价理论也获得了不断发展，各种各样的定价数值计算方法不断地涌现出来。但是，归根结底，期权的定价至少与标的价格、行权价格、无风险利率、标的价格的波动率、距离到期日的时间和股息率等六方面因素有关。从理论上解释，期权是一种通过一定约定来获得收益的交易方式。

期权交易的初始价格，对将要开展的期权交易有意义，但意义并不是太大。这就好比，当你第一次想买一斤猪肉，却没有实际购买时，你可能并不知道它会卖多少钱，可能是10元或20元，也可能是5元。当销售商告诉你，猪肉今天是15元一斤，明天要涨到20元一斤时，你要做的就是尽可能多买一些。这表明，对交易有意义的是现价，而不是过去或者未来某时的价格。

由此说明，相对于期权交易的初始价格，更重要的是期权交易的价格走势，即标的价格的波动率，也就是通常说的看涨或者看跌。既然是一种未来的价格变化趋势，那么期权交易就必须把握期权价格的变化趋向。

现实情况下，要确定期权价格非常困难。华尔街有句名言：靠水晶球谋生的人注定要吃碎在地上的玻璃。换句话说，可能每个投资股票、基金、期权等金融产品的人，都在预测价格上犯过错。

很多时候，问题的关键不在于我们确实面临困难，而是我们面对困难时要运用智慧和勇气去破解它。当价格预测很难确切达成时，可以预测价格变动的趋势，然后运用组合投资、多元投资等方法来规避可能遭受的风险，让收益维持在合理的水平。

日常应用

期权定价模型提供了一种获得多赢的问题解决方法，即在市场交易中每个人都对预期价格做出回应，这样就能最公平地进行定价，来保证各方利益都得到平衡的照顾，所需承担的成本和预期的收益都被广泛地接受。

1.调整进货量和进货价格

对于一些从事商品经营活动的商人而言，期权定价模型可以运用到日常经营的进货环节。当我们对销量有预期目标时，进多少货就已经确定了。但是，生产商和经销商并不完全满意你的进货量，他们会通过相应的手段来进行调整。比如，生产商会推出优惠活动，经销商也会推出促销活动，这样你的进货量就会随着上游生产商和经销商的业务优惠方案做出相应的调整，最后反映在进货量和进货价格上，商人、生产者、经销者就会达成一致。

2.确定售价

对于一些商品来说，我们希望单位商品所能获得的收益最大化。比如，某件商品的进价是 10 元，那么以 20 元的售价卖出一件赚 10 元，显然比以 15 元的售价卖出赚 5 元更有吸引力。但是对于消费者而言，你能够以 10.5 元卖给他最好。这就是说，消费者希望中间商能够压缩价格水分，更好地服务消费者。显然这对销售者而言是不可以接受的。于是在动态的讨价还价中，形成了市场的销售价，这是消费者和销售者都能接受的商品价格。从这一角度看，对于新商品而言，销售者应该给出一些较高的定价，而在后续的过程中再降价。现实情况也是如此，很多商品随着时间的推移会不断降价，以较低的价格卖出。

股利贴现模型：安心上班

😊 幽默故事

一位小伙子很早就投资了某公司的股票。

后来，虽然他的工资收入并不高，但拥有的股票资产价值上千万元。

有同事对他说："你那么有钱，还工作干什么？"

小伙子："如果无法获得股票利润，那我靠什么吃饭？"

同事："这么多的利润，也够你坐在家里吃几十年了，真羡慕你。"

小伙子："股票收益一时高有什么用？看到楼下打扫卫生的李姐吗，她以前也是炒股高手。"

🎙 趣味点评

小伙子买了具有增长潜质的股票，所以赚得盆满钵满。但是他觉得股票利润存在不稳定性，甚至可能亏损，赔得倾家荡产。于是他选择勤勤恳恳地工作，做一名普普通通的打工人。

实际上，股利在真正到手之前都具有不可靠性，存在很多变数。那么如何计算股利到手的价值，这是所有投资机构和投资人都想提前预知的。股利贴现模型就是解决这个问题的一个工具，能够评价股票投资前景和企业发展前景。股利贴现模型实际上是确定股票内在价值的评估工具。

第五章　模型篇：巧妙分析金融活动的利器

金融学解读

一般而言，股利贴现模型是专业的股票分析师运用的一种估值方法，这里主要介绍的是其思想。通过了解股利贴现模型的思路，可以更好地理解股票及股市交易，从而为高效的金融投资打下基础。

那么，关键的问题在于，股票的内在价值是什么？或者说，我们如何确定股票的内在价值。实际上，股票的内在价值仁者见仁，智者见智，可以说股票的内在价值并没有统一答案。但是，股票的内在价值应指股票本身应该具有的价值，而不是它的市场价格，这是明确的。

一般而言，股票的内在价值可以用股票每年股利收入的现值之和来评价。股利是发行股票的股份公司给予股东的回报，按股东的持股比例进行利润分配，每股股票所分得的利润就是每股股票的股利。

这种评价方法的根据是，如果你永远持有这只股票（比如你是这个公司的老板，自然要始终持有公司的股票），那么你逐年从公司获得的股利贴现值就是这只股票的价值。所谓贴现，就是在票据进行变现过程中，银行等金融机构根据票据金额扣除贴现所需利息，然后将其余资金支付给票据所有人的过程。根据这个原则来评价股票的方法称为股利贴现模型。

股利贴现模型体现的内容是，预测的股票内在价值，等于逐年期望股利的现值之和。要计算逐年期望股利的现值之和，包括不同期限内的股利、股价等要素都需要做出预测，这样才能得出股票内在价值的数值。在这样的情况下，确定股票的内在价值就有很多难以确定的因素。

比如 A 和 B 两位股票分析师根据手中掌握的数据，认为市场资本化率的数值有 1.5% 的差异，由此计算出的股票内在价值可能存在很大分歧。甲认为股价被低估了，未来有增长空间，因此建议买入。而乙认为股价被高估了，未来会下降，因此建议卖出。由此可见，股利贴现模型的应用范围存在一定局限性。

那么我们如何摒弃这种局限性，用它来做出对我们有效的分析呢？答案是对股利贴现模型的思想进行运用，而对其具体的计算方法进行适度参考。毫无疑问，股利贴现模型的核心思想，在于保持市场洞察力，掌握敏锐的观察力，及时做出有效的判断，形成高效的投资策略。

戴尔电脑创始人戴尔曾经劝他的同学和老师，如果他们能够投资戴尔电脑的股票，那么一段时间后他们将成为富翁。可是，当时没有人相信他。结果，戴尔公司的股票在很短的时间内飙升了几十倍，投资者赚得盆满钵满，而那些没有投资的人只能悔不当初了。

从戴尔公司起初发展的过程来看，投资戴尔公司的股票具有较高的收益，而在后续的投资中，戴尔公司的股票依然维持着增长。这就是股利贴现模型的现实意义，即帮助我们分析企业发展的趋势，以分析投资某只股票是否有利可图。

当然，股利贴现模型也有相应的适用范围。当计算股利贴现的公司处于高速发展行业，比如互联网行业，它们的贴现率就会变得很难取舍，因为很多时候互联网行业的企业发展太快了，如果你确定一个贴现率，那么过不了多久，这个贴现率就会变得不能很好地反映这家企业的股票价值。

拼多多只用了3年时间就跨过了百亿市值，滴滴跨过百亿市值也只用了5年。这些企业的股票盈利率是非常高的，有时很短的时间就会翻倍甚至达到多倍的利润。可见，股利贴现模型对于高速发展的企业，并不能完全有效匹配。

当然，股利贴现模型适用于经营状况稳定的成熟企业，同时也适用于高速发展企业的线性增长阶段。这个类型或者阶段的企业，股票的盈利率基本处于线性增长趋势，股利贴现模型的确定与实际情况具有较好的匹配性，能够给投资者提供较为可靠的参考。

日常应用

个人在进行股票交易过程中,要根据股利贴现模型来分析股票投资的利与弊,特别关注贴现过程中交易利息的变化情况。因为贴现利息的变化往往和股票贴现过程有关。比如,当股票贴现较少时,贴现利息就会增大,此时进行股票投资是不够理性的。

1. 买入股票

股利贴现率维持在较高水平,说明股票现值在增长,那么投资这只股票就有利可图。此时就可以买入股票,以获得更多的投资收益。在买入过程中,还要时刻关注贴现利息的变化,因为这对于股票变现有很大的影响,甚至会影响最终的投资收益。

2. 卖出股票

当股利贴现率维持在较低水平时,说明股票的现值一直在下滑。此时,这只股票的投资收益空间已经在萎缩。此时最好的行动是卖出这只股票,以应对股票贴现值降低所带来的风险,这样能更好地减少损失。

第六章

市场篇：慧眼识别金融市场

确定效应：嫁给只对自己好的男人

😊 幽默故事

一位女士和闺密聊天。

闺密："你为何不嫁给 A，而想嫁给 B？B 除了温柔，没什么优点了。"

她："B 对我很好。"

闺密："A 又帅又浪漫，没有女人不想嫁给他。"

她："这也是我不想和 A 结婚的理由。B 只对我一个人好。"

🎤 趣味点评

一位女士在和闺密的聊天中透露了选择结婚对象的关键：是否只对自己一个人好。如果结婚对象各方面的条件都好，但是他对很多女生都很好，那么即使结婚了，也不能保证自己会幸福。反而是那位一心只对自己好的人，更容易为自己无私地付出，这才是婚姻幸福的秘诀。

对于金融市场而言，很多时候产生收益或者发生风险都可以预见，当风险确定要出现时，减少损失的办法就是选择其他具有确定性收益的项目，且规避选择可能出现风险的项目，这是金融运营和投资的重要方法。确定效应是指在确定具有某种收益的前提下，投资人会摒弃"赌一把"的思想，倾向于选择获得确定的收益。

第六章　市场篇：慧眼识别金融市场

金融学解读

在股市交易中，即使在牛市的时候，很多人也不会一直持有某只股票，而是在股票上涨到一定程度的时候卖出。这是因为他们害怕股市下跌，如果不能及时出手，可能下一秒他们就会面临损失。与其遭受损失，还不如少获得一些收益更好。

与确定效应相对的是反射效应。反射效应是指在面对确定的风险时，人们往往不那么看重到手的小收益，而选择"赌一把"，以此博取更大的收益。也就是平时说的"以小博大"。人们一般情况下并不喜欢风险，但是反射效应说明，如果确定有风险，那么人们有时也愿意采取非理性的冲动型投机方式。这样如果他们获益了就会很开心，而即使失败了也不会太难过。

确定效应给人们的启示是，在收益可以预知的前提下，风险变得让人讨厌，人们会难以接受风险，而选择获得既得的收益。说白了，没有人愿意无谓地承担风险。

反射效应给人们的启示是，在大概率赔钱的时候就"赌一把"，用高风险来博取高收益，希望获得爆发式的财富增长。这样就能很好地利用风险，以期获得较高的收益效率。

毫无疑问，确定效应对应的具体投资方法是，稳赚的时候就保守地等着赚，不要去尝试具有危险性的项目，否则竹篮打水一场空，得不偿失就不值当了。

反射效应对应的具体投资方法是，风险肯定出现，而且影响更大的时候，就赌一把运气，以期用极小的代价来博取极大的利益，即使失败也没有关系。

这里我们将反射效应与确定效应一起讨论，实际上也表明了对风险的表达和认知不同，可能采取的应对策略也不同，即使面对的可能是同一件事。

比如假设某种儿童疫苗出现严重副作用的概率是 0.001%，一般父母在给孩子打疫苗时，基本会忽略这样的风险；但是当医生告诉你每 10 万个接种疫苗的孩子，会有一个出现严重副作用时，你或许就会慎重地考虑是否给孩子打疫苗了。

更加重要的是，很多人对小概率的风险往往非常重视，也就是放大了风险可能出现的概率和影响。比如某项风险出现的概率是 2%，但是很多人会将这 2% 放大到需要高度重视的程度，然后始终惦记着这项风险，而不能淡定地采取行动。

当然，人们对于大概率的事项，比如 92% 的概率获益，对应的是还有 8% 的风险，往往过分地低估了 92% 的概率应受到的重视程度，反而去关注 8% 的风险发生概率。

可见，人们对于风险和收益的理解和认知是由诸多心理和思维因素共同确定的，任何单一的选项都可能不是最优解。这就给运用确定效应分析问题提供了方法。

比如饮料店推出了第二份半价的促销方案。以红豆奶茶为例，如果一份是 10 元，买两份是 15 元，相当于在原来两份的基础上打了七五折。可是，为什么饮料店不直接采取全店消费享受七五折的策略呢？

因为根据确定效应，第二份半价是个完全确定的事项，而每份七五折则是 75% 的概率，经过对比发现显然完全确定的投资收益更具吸引力。所以，结合考虑心理等因素，很多消费者更易接受选择第二份半价，而不是享受七五折优惠。

通过确定效应可知，在参与金融活动中，如果遇到存在确定优势的选项，则应该优先选择确定性的优势项目，然后再考虑后续的其他选项。比如，某金融产品收益比较确定，在行业平均水平之上，而另一款金融产品收益率不稳定，可能很高，也可能很低，这时就可以选择具有确定收益的金融产品。

日常应用

确定效应和反射效应都是对风险和收益的认知和抉择。运用它们的原理进行金融活动时，要考虑清楚当时所处的环境和条件，以更科学的方式进行金融活动。

1. 要有宏观思维

投资是个系统工程。如果你在投资过程中不能广泛地关注投资环境和产品，就会陷入某个限定的范围内投资，投资的收益率和风险率就可能不具有竞争力。因此，要以更为广博的视野进行投资活动。

2. 要有比较思维

不同的金融市场，往往延伸出不同的投资产品，其收益率和风险率都不尽相同。通过有效的比较，能够剔除那些具有确定性风险的项目，选择具有确定性收益的项目，这样更易于获利，而不是承担风险。

吉芬效应：限量销售

幽默故事

一位商人销售某款情侣手表，因为款式和内涵比较贴合爱情主题，一度成为情侣订婚或者结婚的首选。

后来，这款特色情侣手表开始搞限量销售，进行私人定制，每个人一生只能购买一次，吸引了很多高端消费客户购买，商人赚得盆满钵满。

墨镜商店的员工向老板建议，墨镜也应该搞私人定制，从而提高售价。

由于竞争者众多，用户需求不足，这家墨镜商店损失惨重。

过了一段时间，这位员工又对老板说有另一个限量销售的建议。

老板对他说："别限量销售产品了，现在我决定限量雇用员工，你被解雇了。"

🎤 趣味点评

在需求变得唯一时，商品价格即使上涨，客户依然会付钱。当结婚的人们很看重订婚或者结婚这一大概率具有唯一性的消费场景时，商人的情侣手表就受到欢迎。当价格上升的时候，商品的需求量反而上升了；当价格降低的时候，商品的需求量反而降低了。这种现象称为吉芬效应。

然而，并不是所有商品都会出现吉芬效应。上述故事中，墨镜就没有出现由于价格上涨而需求增多的情况，墨镜商店反而因此出现了亏损。能够出现吉芬效应的商品被称为吉芬商品。

📈 金融学解读

吉芬效应是需求理论的一种例外。所谓需求理论是指，价格上升时，消费者对商品的需求就降低；而价格下降时，消费者对商品的需求就升高。当然，需求和价格并不总是符合需求理论，需求理论因而有很多例外。

吉芬商品是一种特定情况下出现的商品，这种商品日常很容易见到，但是并不一定发生吉芬效应。说白了，只有在人们迫切需要这种商品，而且它具有一定的不可替代性，此时才可能出现吉芬商品的特征。

当然，吉芬效应显示的是对市场供需结构调整的一种规律，体现的是市场的现实需求。而且，一般供需规律，即价格高需求少的情况也大量存在于市场之中。两者并不矛盾，而是分别出现在市场中的情形。它们之间的区别在于，有的商品本身是吉芬商品，加之出现相应的市场环境，所以就体现了吉芬效应，而有的商品不是吉芬商品，就不会体现出吉芬效应。

吉芬效应是由19世纪英国经济学家吉芬提出的。吉芬观察爱尔兰农民的经历，发现在马铃薯价格下降时，市场对马铃薯的需求反而下降了。实际上，由于爱尔兰土地稀少，粮食生产在没有战乱和自然灾害时尚可以保证供应。但是当战乱发生时，爱尔兰人只能靠吃马铃薯来果腹。这就造成一种趋势，随着人们对马铃薯的需求增长，马铃薯的价格不断上涨，直到人们找到了其他食品替代。当有了更多的食品可供选择时，人们才会减少对马铃薯的需求。此后，马铃薯的价格开始逐步下降。

在这个案例中，马铃薯就是吉芬商品，它体现出来的交易规律就是吉芬效应，也就是随着价格变化，出现需求的正相关现象。这种价格变动是与需求相匹配的，它并不是孤立存在的。马铃薯平时很常见，也符合一般的供需理论所体现的规律，但是当它承担主粮职能，短期内没有替代品出现时，就转化为吉芬商品，体现了吉芬效应。

实际上，金融市场上很多领域都会出现吉芬效应。比如投资产品越来越受欢迎，它的价格就会逐步上涨，然后吸引更多的人去投资，于是价格被进一步推高。

当人们有了更多的优势选择时，就不会选择吉芬商品，但是当选择空间很小时，就会聚焦于选择吉芬商品。再进一步，当人们的收入增加时，显然具有更多的购买选择，这就会带来对某种商品需求的下降。也就是说，收入与吉芬效应的关系在特定情况下是具有相关性的。

例如，随着茅台集团的逐步运营，如今茅台酒也具有了吉芬商品的特征，比如需求很旺盛，而且价格在逐步升高，在一定程度上具有不可替代性。对于消费者而言，茅台酒成为高端白酒的代名词，因而成为消费或者投资的热门之选。

实际上，包括五粮液在内，白酒行业虽然不是必需品行业，但是由于受众广泛，市场潜力巨大，让很多明星产品具有了吉芬商品的特征。它们的交易过程也体现出吉芬效应。可见，运用吉芬效应来发展某个行业领域的产品，实际上是一种非常有效的产品竞争策略。

日常应用

对于金融活动而言，要利用吉芬效应赚钱是很好的选择，因为对于有需求的金融项目而言，要先下手为强。如果能够遇到具有吉芬商品潜质的投资项目那是非常难得的投资机会。

1. 用户需求聚焦

如果投资，最好选那种能够满足用户需求的独特产品，这些产品未来的增值空间更大，可能会带来丰厚的收益。当然，用户需求是不断变化的，投资金融产品的策略，需要尽可能灵活地调整选择。

2. 突出风险把控

对于价格大幅提升的产品，其金融产品需要谨慎购入，因为吉芬商品未来的增长时限并不确定，而且经常在短时间内就会消失，所以需要谨慎把握。

凡勃伦效应：不讲价的车

☺ 幽默故事

一位暴发户对汽车销售商说："我真的不在乎钱，钱对我而言就是一个数字。你需要为我选一辆符合我身份的车。"

销售商说："没错，我很理解您所处的地位。"他指着一辆原价 50 万元的车："这辆车 100 万元卖给您，真的不能再讲价了。"

暴发户："不行，必须以 200 万元成交，再讲价我就要生气了。"

销售商看了看他说："先生，那我们只能勉为其难地同意了。"

暴发户："唉，不要为难，300 万元怎么样？"

趣味点评

在特定的情况下，商品价格定得越高，越受到购买者的喜欢。案例中的暴发户买车，购买的并不是汽车本身，而是汽车高价格所附加的社会地位和心理优势。

基于这个原则，我们观察到，在很多情况下，市场上的商品，特别是稀缺商品，会因为价格上涨而筛选掉一些消费者。这就给了能够高价购买这些商品的消费者以心理优越感，这是高价商品备受追捧的缘由。这种现象称为凡勃伦效应，即商品价格越高，越受到消费者的喜欢。当然，能够体现凡勃伦效应的商品，一般具有炫耀功能。

金融学解读

同样的商品，当一件商品定价更高时，根据凡勃伦效应，它可能会更畅销。实际上，这利用的是人们追求高价值消费的心理，人们以此获得优越感和自信心。

凡勃伦效应是由美国经济学家托斯丹·邦德·凡勃伦首先观察到并提出的，本质上就是名牌效应。如果一件商品是名牌，那么随着品牌附加值的提升，商品价格就逐步提升，但是消费者反而不会因为产品价格上涨而弃选，而是更积极地购买。

商场里款式和材质差不多的一款西服外套,如果一件标价1000元,另一件标价5000元,一些人会选择购买5000元的那件西服。因为穿着5000元价格的西服,使他觉得比穿1000元的西服更能得到心理满足和享受。

经济领域一般提倡人们理性消费,但是凡勃伦效应反映了人们感性消费的一面。也就是说,人们受到感性因素的影响,做出了购买更高价格物品的决定,虽然这个过程违背了理性原则,但是这种现象是大量存在的。

凡勃伦效应存在的客观基础是,随着经济社会的发展,人们更加富裕,消费欲望和经济实力获得提高,因而有更多可以支配的收入进行消费,并且开始体现出对品质和品牌的追求,这时凡勃伦效应的发生就变得顺理成章了。

从此前新闻报道的天价月饼、天价烟酒、天价婚礼等现象来看,凡勃伦效应可以说充斥在各类商品市场里。比如100多万元的钢琴、几万元的眼镜等,这些商品可能并不是消费者的最佳选择,甚至可能并不实用,而且会给消费者带来很大的消费压力。

问题在于,凡勃伦效应是一种消费心理的反映和满足,即挥霍性消费心理在作祟。当你看到一件商品,它能够满足你的虚荣心、消费欲,并且让你获得非常强烈的心理满足时,无论这件商品多么昂贵,你都有可能去购买。

在金融投资领域,有一种现象是跟风投资,实际上就是凡勃伦效应的写照。因为值得跟风的金融产品,其收益率是可观的。但是,正是那些先期获得收益的金融产品,后期更有可能出现下跌。如果贸然投资,没有获得收益增长的红利,又正好赶上下行市场,就会因此遭受损失。

凡勃伦效应在金融领域很常见。比如一些明星金融产品,虽然进入的门槛更高,所需缴纳的交易费率更高,但是依然有很多人买入,实际上最终算下来，收益可能和一般的优质金融产品差不太多。

在现实的金融活动中，你想参与的投资项目可能并非优质，它不一定能够让你获得很高的收益。当你根据自己的喜好选择投资项目后，可能面临一些与预期相反的结果，比如亏损等。

在金融活动中，要警惕凡勃伦效应的影响，尽可能让凡勃伦效应对投资的影响降到最低，避免因为凡勃伦效应承受无谓的损失，特别是不要因为炫耀或者赌气式投资而陷入资金短缺的泥淖中。

日常应用

凡勃伦效应反映的规律不仅可以用于金融领域，在生活领域也有广泛的应用。

1. 恋爱情感

当你投入太多的时间精力和情感，而对方没有良好的反馈时，你可以采取减少投入的方法，反而可能让对方对你产生兴趣，进而带来意想不到的效果。

2. 生活购物

如果一件物品非常贵，又不是必需的，那么尽量不要买，否则就容易造成无效消费甚至浪费。

MM 定理：营养价值没有变化的苹果

幽默故事

圣诞节市场上，一位顾客问苹果销售员："你的苹果怎么卖？"

销售员："先生，一个 10 元。"

顾客："可是昨天你还卖一斤 5 元。"

销售员："先生，你要知道，圣诞节到了，苹果价格肯定会提高的。"

顾客："可是它们的营养价值没有变化啊！"

销售员："先生，您今天买苹果是为了营养价值吗？您为什么昨天不买呢？"

顾客："唉，我真后悔。"

销售员："我的苹果可不这样认为。"

趣味点评

对于一个产品的价值来说，有时并没有变化，但是由于所处的经济形势和环境条件不同，其交易的价格就可能不相同。也就是，在不考虑成本和盈利时，产品形态和产品价格无关。但是，在考虑成本和盈利时，产品形态和产品价格就有很密切的联系。

上述故事中，如果不考虑成本和盈利，苹果在不同时期的交易价格应该不变；但是如果考虑成本和盈利，那么苹果在不同的市场环境中的价格就有

第六章 市场篇：慧眼识别金融市场

很大的变化。这种现象所体现的原理称为 MM 定理[①]。其表明，在不同的情景下，由于条件不同，因而产生不同的金融原理认识，进而需要做出不同的金融活动决策。MM 定理是对企业进行投资决策的一个分析工具。

金融学解读

MM 定理是在一系列严格假设条件下确定的理想模型。MM 定理分为两种形式，对应不同的结果：第一种形式是不考虑所得税的前提下，企业的市场价值与企业的资本结构无关；第二种形式是考虑所得税的前提下，企业的市场价值与企业的资本结构有关。

对于第二种形式，我们再补充说明一下。企业在考虑所得税的时候，企业资本结构中的成本就会发生变化，特别是负债的利息支出是免税支出，这就降低了负债所带来的利息支出。在这种情形下，企业的负债越多，那么资本的结构就越对企业有利，企业的价值也就越高。

这个定理表明，对于投资而言，那些负债率高的企业，其企业经营成本并不高。如果企业盈利率不能让人满意，就需要考虑更换投资项目。对于融资而言，企业要尽可能地增大融资比例，这样就会降低企业的资本经营成本，从而放大资本价值。

由于忽略了债务和经营风险的关系，体现出企业负债越高越好的情形，因而 MM 定理与现实存在脱节。毫无疑问，企业市场价值的决定因素是企业未来能够创造的价值。从 MM 定理的提出和演进来看，金融理论是在不断变化的，特别是经过实践的比对和深入的观察，人们会对原来的理论提出一些新的或更深入的问题，然后在解决这些问题的过程中来修正原先理论的不足，

[①] 美国经济学家莫迪利安尼（F. Modigliani）和米勒（M. Miller）于1958年6月在《美国经济评论》第48卷发表《资本结构、公司财务与资本》一文，并提出了MM定理。1963年，两位教授对MM定理进行修正，提出了MM定理的第二种形式。MM定理的提出标志着现代资本结构理论的诞生。

发展出覆盖更多场景的理论。金融实践正是在理论和实践的迭代认知和提升中获得发展的。

MM定理对企业融资的启示是很有价值的，即企业应该增加财务杠杆率，增加一定的负债，最大化地降低资本运行的成本，提升企业的市场价值。很多多元化发展的企业，就是在不断扩展业务的同时进行融资借款，然后通过资金回笼或者使用其他盈利款项支付利息和本金。但是，这样做存在一定的风险，资金链要尽可能保持安全，否则可能面临债务危机。

这就给普通投资者带来一个启示：如果一家企业的资产负债率太高，投资时就要多加考虑，甄别出劣质的投资项目，避免踩坑。

日常应用

企业的资本结构与企业的市场价值之间在现实情况下是相关的，这说明MM定理的分析应用更侧重于MM定理的第二种形式。具体的应用思路包括以下两个方面。

1. 关注实体价值

投资金融产品时，一定要把握金融产品与实际项目价值之间的联系。只有那些实际价值高的金融产品才更有投资价值。因为金融产品并不是价值本身，而是代表一种资本流动的证券。

2. 关注资金链条

要时刻关注投资企业的资金链，特别是现金流的情况，因为现金流一旦出现问题，企业的其他资产配置就会发生相应的变化，进而影响各类资产的盈利能力，甚至带来难以避免的损失。

第六章　市场篇：慧眼识别金融市场

零和博弈：偷鸡不成蚀把米

😊 幽默故事

有一天，狐狸想偷鸡。在费尽力气之后，终于把鸡赶到了一个墙角。

鸡对狐狸说："我可以跟你走，但是，如果你不给我一碗米，我现在就开始叫。主人听到后，马上就会赶来，到时你也走不了。"

狐狸想了想，给了鸡一碗米。

鸡一会儿就把米吃完了，然后奋力一跃跳上了墙头。

狐狸看着空空如也的碗，无奈地大叫："唉，真是偷鸡不成蚀把米。"

🎤 趣味点评

鸡和狐狸进行生死博弈。鸡若想活着，必须想办法摆脱狐狸的追逐。因此，当鸡很累没有力气时，它适时地提出了要一碗米的要求，并以保持安静为理由换来狐狸的允许。

当鸡有能力跳上墙头时，成功地避开了狐狸的追逐，狐狸却因此损失了一碗米，正所谓偷鸡不成蚀把米。可见，在竞争关系中，如果一方能够准确地把握机会，就可以获得收益，而另一方则可能因此遭受损失。这种现象称为零和博弈。

有趣又好读的金融学

金融学解读

零和博弈也称为零和活动。也就是在活动中，一方赢了，另一方就会输，没有哪一方不输也不赢。这是在双方竞争中发生的现象，说明博弈过程中各方的收益和损失之和是零，双方也就不存在合作的可能性。

比如在一家公司内部进行业绩比赛，规定两个小组如果谁赢得比赛，将获得奖金2万元，而且这2万元由输掉比赛的小组承担。那么这两个小组的竞争关系就是一种零和博弈，也就是两方的收益和损失之和为零，一方的收益正好是另一方的损失，因而他们不可能发生合作。

当然，零和博弈体现的是一种对抗性的竞争关系，也就是说，不管有多少个参与者，输家和赢家都在参与者的范围内。这就好比打麻将，赢家获得的筹码实际上正是输家输掉的筹码。零和博弈的结果就是一方吃掉另一方的利益，而让另一方遭受损失。

零和博弈在经济和社会生活中很常见，其实质是损人利己，也就是把自己的收获建立在别人的损失基础上，让自己笑而让别人笑不出来。虽然从道德上来看这种现象很失德，但是由于受到利益驱使，很多人都会在零和博弈中不择手段地去赢，从而保证自己能够获得利益。

在零和博弈的金融交易中，一方获得了收益，也就意味着另一方要遭受损失。不管是在股市中，还是在基金、证券等其他金融市场中，金融产品的运营很多时候都体现了零和博弈理论。

我们经常听到一些人赚钱了，也就意味着有人亏钱了。如果你经常听到有一些人亏钱了，那就说明有些人悄悄地赚钱了。

与零和博弈相对的是非零和博弈。非零和博弈就是在竞争中，虽然有对抗，但是各方的收益和亏损并不对等，收益和亏损不能完全抵消。这就给参与者带来更多的可能性，他们不一定会损失，反而会通过某种合作达到全部盈利的效果，实现多方参与进而多赢的效果。

在金融活动中，也有很多非零和博弈现象。当不同的金融产品为投资者参与投资带来稳定的回报，而且这种回报是产品发行方可以承担，并对发行方有利时，这种交易就会受到多方的欢迎，比如国债或者优质公司的股票等。

可见，金融投资、交易的过程，其实也是一个争当赢家的过程。如果你跑赢了大多数人，当了赢家，就会赚一些钱，反之，你就会亏钱。当然，没有人想亏钱，因此就需要运用一些方法、策略和能力来保证自己不当输家。

日常应用

零和博弈的发生场景有很多，投资者要时刻警惕陷入零和博弈的局面，并且应该积极打破零和博弈的局面，让自己更多地参与多赢或双赢的交易活动。

1. 确定投资力度

如果其他各项条件基本相当，一款金融产品是非零和博弈产品，具有盈利的正向效应，就可以考虑加大投资的力度。反之，如果一款金融产品是零和博弈产品，就要谨慎地进行投资。

2. 选择投资产品

进行金融投资时，如果一家金融机构有不同盈利率的金融产品，那么一定要注重平衡好投资收益和控制风险之间的关系，既要甄别选择投资收益率高的产品，也要投资收益率低的产品，从而平衡投资风险。

一价定律："给我一杯同样的咖啡"

😊 幽默故事

一家餐厅的经营策略是给男士和女士各准备一份菜单。男士的菜单是正常的价格，而女士的菜单价格比男士高。

当女士被男士请客时，她会觉得男士很大方，从而心生好感。

有一天，一位女士独自一人来这家餐厅吃饭。

她看到一位男士点了一杯咖啡，只付了10元，而她的那杯咖啡则要20元。

她对服务员说："我想要一杯和那位男士一样的咖啡。"

她喝过后说："为什么感觉一样，而我这杯要贵这么多？"

服务员低声对她说："嘘，给那位先生的是我们这里滞销的产品，您别对他说啊。"

于是这位女士开心地付钱走了。

🎙 趣味点评

餐厅的咖啡对男士和女士的售价不同，实际上是不合理的。当然，如果男士和女士能够互相通报菜品价格，或许这家餐厅的做法就没有市场了。那么如何对上述案例给出一个合理的解释呢？服务员对女士说了一个完美的谎言：滞销的产品会降价。实际上，由于信息差的存在，让相同价值的产品价格不同，这说明市场竞争不够充分。

同样价值的产品其价格应该一致，这个现象被经济学家描述为一价定律。一价定律是指，同样一种商品，在各个国家、各个市场上的价值应该是相同的。

金融学解读

一价定律是由美国经济学家米尔顿·弗里德曼在 1953 年提出的。他认为，在没有贸易壁垒和运费基础上达到充分竞争的市场贸易，其同样价值的商品价格应该保持一致。如果存在价差，那么为了盈利就会带来贸易，直到价差消除。

这个概念体现的是市场的公平性，也就是当市场充分发展以后，它的成本和收益基本处于平均水平。这就意味着，不同的消费者所能享受的服务和产品都是公平的。

一般而言，经过汇率折算，同样的商品在不同国家的市场上进行交易，其价格应该是相同的。上述故事中，由于餐厅将价格分别标注于男士菜单和女士菜单上，这样就让同样的菜品披上了不同价格的外衣。

当然，这个概念描述的是理论上的情形。现实情况下，由于受存在信息差等因素的影响，很多时候市场上不同产品的价值并不总是一致的。特别是在金融市场里，很多产品由于受文化、政策、受众喜爱度、行业特征等影响，往往并不能保证对等的价值。

由于不同市场的商品价值不同，也就为贸易带来了可能性。商人会从卖价低的市场将商品贩卖到卖价高的市场，这样赚取的中间差价就是丰厚的利润。通过不断的交易活动，最终商品市场会达到一种价值和价格的平衡，由此这种商品的利润率就很稳定了。

很多时候，国际商品贸易都是因为同样价值的商品在不同国家的市场定价存在差价，并不总是符合一价定律而形成的。因为不同国家同样价值的商品价格不同，所以形成了国际商品贸易。国际商品贸易的繁荣，恰恰说明国际商品的价格是存在很大差异的。

比如，当1美元能够兑换7元人民币时，那么在美国市场上卖1美元的商品，在中国市场上的价格就应该是7元人民币。如果这件商品在中国市场上只卖3元，那么应该将中国市场上的商品运到美国进行销售。相反，如果这件商品在中国市场上卖25元，那么应该从美国运商品到中国销售。这样就可以赚取中间差价，从而获取利润。

当然，在实际贸易过程中我们还需要考虑交易成本，如关税、货币政策、市场信息等。比如，我们获取的信息是一个月前的交易信息，那么就很可能有人比我们更早地进行国际贸易。如果此时我们再进入市场，可能并不会获得多大的收益，甚至会发生亏损。也就是说，一价定律有其发生的前提条件，比如交易成本为0、信息是完全充分的、资本流通是自由的、关税为0等。

日常应用

对于金融投资者而言，从一价定律能够获得很多启示。根据这些启示进行投资和交易更容易获得收益，避免损失。

1. 通过套利策略进行金融投资

投资者根据市场信息，主观进行趋势判断分析，把握交易机遇，并进行套利交易，从而获得收益。投资者也可以对市场信息进行数字化分析，根据数据体现出的微小差异，进行套利交易获利。

2. 投资决策应关注金融产品的实物资产

根据一价定律，虚拟经济不能创造价值，真正体现价值的是市场主体，比如公司进行产品开发、生产加工等活动。作为投资者，要始终注重把握金融交易背后的实物资产情况，再做出选择何种投资产品的决策。

三元悖论：不能同时实现的事

😊 幽默故事

一名女子有两位追求者：甲和乙。

甲高大帅气，并且多金，但是很花心。

乙温文尔雅，对感情专一，但是家庭条件一般。

这位女子无法在甲和乙之间做出选择，于是征求闺密的意见。

闺密："你以后想要怎样的生活，你就选择怎样的恋爱对象。对于甲和乙，你想要帅气多金，就要忍受对方花心；想要温柔专一，就要接受生活拮据。"

女子："要是他们两个的优点结合在一起就好了。"

闺密："你见过流动的冰块和能够抓住的水蒸气吗？醒醒吧，都是不可能同时实现的事。"

🎙 趣味点评

女子想要在甲和乙之间选择一位恋爱对象，由于无法做出选择，所以选择征求闺密的意见。然而，对于女子提出想要一位既多金帅气，又温柔专一的恋爱对象时，闺密根据追求者甲和乙的情况，提醒女子她的要求无法同时满足，应该做出选择。

实际上，很多时候结果都是互斥的。正如故事中男士的三个条件——帅气、多金、专一，在甲和乙身上没有实现统一。

金融学解读

从字面上理解，三元悖论不可能同时满足三方面的要求，可能会达到某两个方面的要求，或者达到一个方面的要求。毫无疑问，三元悖论中的三个方面是存在互斥关系的，不能同时存在。

具体而言，三元悖论指的是一个国家不可能同时出现稳定的汇率、资本自由流动和独立的货币政策这三个方面，只能同时满足其中两项，而不能同时满足三项。换句话说，如果一个国家要保证货币政策的独立性和汇率稳定，就要牺牲一部分资本流动的自由性；如果要保证货币政策的独立性和资本自由流动，就要牺牲汇率的稳定性；如果要保证资本自由流动和汇率稳定，就要牺牲货币政策的独立性。

可见，货币政策独立性、资本自由流动性、汇率稳定性这些因素对一个国家的经济、金融环境都非常重要，任何一个因素都是牵一发而动全身，难以忽略其中之一。

根据国家货币政策的变动，可以分析汇率和资本流动的动向。货币政策发生变化后，往往意味着汇率和资本流动也会随着发生变化，这就为做好投资提供了一个选择依据。根据汇率变动，可以分析国家货币政策的走向和资本流动的情况。汇率发生变化，国际经济贸易就会发生变化，国家货币政策和资本流动就会随之做出应对，以保证经济形势的总体稳定，这就为国内投资提供了参考。根据资本流动的方向，可以分析国家货币政策和汇率的变动情况。资本流动的趋势明朗后，国家货币政策和汇率也会围绕其做出调整，

第六章 市场篇：慧眼识别金融市场

这就为国际投资提供了可选项。

很多发展中国家都非常看重货币政策的独立性和汇率的稳定性，因为货币政策独立就可以有力地管控货币流通，而汇率稳定有助于外贸经济的稳定，同时对资本的自由流动进行限制。我国长期以来采取的货币政策就是对资本流动进行限制，并且把独立有效的货币政策和稳定的汇率作为金融领域的工作重点，推进国家经济环境和秩序的稳定和发展。

一些发达国家，为了更好地发展金融，放开了对资本流动的限制，在汇率稳定的同时，牺牲了货币政策的独立性，跟随其他主要国家的货币政策进行货币管理和运营。这种做法实际上就是唯金融为主的思路，因为放弃了对国家货币政策的主导权，所以国家宏观经济调控的能力就被削弱了。

通过对1997年泰国等国家及近年来希腊等国家金融危机的观察，可以发现三元悖论是国家货币领域非常关键的分析工具，这对于一般投资者或者消费者理解货币政策具有很大的启示。

一是保持货币政策的独立性。可以更好地管理货币流通，这对于实现物价稳定、平衡国际收支等很重要，能够让货币为国家经济发展发挥重要的作用。

二是保持汇率的稳定，可以增强国家货币政策的有效性。这对于对外经济稳定、抑制通货膨胀和资产泡沫都很有作用，对于保持货币整体处于稳定状态很有助益。

三是限制资本的流动，特别是无序流动、恶意流动，可以更好地应对和防范金融风险，抵制金融风险的冲击。这对于经济发展和金融市场的健康运行具有很强的现实意义。

日常应用

在现实生活中，也有很多情形属于三元悖论，应对这种情况需要具体问题具体分析，做出最有利的选择。

1. 项目运营

对于各类项目运营商而言，成本低、流量大、转化好这三个因素也符合三元悖论原则。成本低、流量大的项目，往往转化率很难保证；而流量大、转化好的项目，往往成本比较高；而成本低、转化好的项目，基本上比较缺乏流量。可见，项目运营也要破除三元悖论的影响，设计更多好的项目，以此形成成本、流量和转化的多赢局面。

2. 金融投资

要保证资金的流动性，并且确保良好的收益，就要牺牲一些投资安全性；要保证资金流动，同时进行安全投资，就要接受投资收益有限的现实；要保证投资收益和安全，就要长线投资，限制资金的频繁流动。

第七章

投资篇：让你喜笑颜开的赚钱法则

资产流动：白手起家的富翁

幽默故事

丈夫对打算买包的妻子说："你知道吗？那些白手起家的大富翁在生活中都是非常节俭的。"

妻子："没错，我不把我们手里的钱花光，你就没法白手起家啊，对不对？你应该庆幸我没有把钱花光。"

趣味点评

丈夫的本意是想劝妻子节俭一点儿，指出即使是富翁，在生活里也需要注重节俭。但是妻子认为，如果不具备白手起家的机会，那就创造白手起家的条件，即把钱花光才能增强赚钱的动力，否则就很难成为富翁。

实际上，虽然非要白手起家不一定合理，但是增加资金流转频率，确实有相应的好处。比如资本流动可提高资本的运行效率，可以花很少的钱做成更多的事；再如丰富金融产品，可以促进金融市场的繁荣发展。从理论上讲，资产流动是从货币形态开始，经过生产、经营等步骤将资金变为资产，然后再经营资产，最终再返回到货币形态的过程。

第七章　投资篇：让你喜笑颜开的赚钱法则

金融学解读

毫无疑问，资产流动由于关联生产经营活动，所以交易效率很高，有利于资产的变现。

资产流动在金融学里是一个基础性的概念。资产流动，就是让资产进行流通，并且发生变化。所谓流动，流即流通，动即变化。金融活动中，资产流动根据涉及对象的不同，可以分为企业资产流动、银行资产流动、个人资产流动等。

企业资产流动，就是企业将一部分资金投入到生产经营或者投资活动中，然后利用这部分资金获得利润，进而不断地积累财富，再进行财富的维持和发展，这个过程涉及的主体是企业。

银行资产流动，即银行将一部分资金投入到金融活动中，比如借贷、投资等，利用这部分资金获得利润，然后积累财富，再扩展银行的其他金融活动，这个过程涉及的主体是银行。

个人资产流动，就是先积累财富，然后让财富通过投资或者生产经营活动流动起来，进而获得进一步的财富积累，再催化出新的资产流动，这个过程涉及的主体是个人。

可以说，资产只有流动起来，才能创造出更多的财富。个人资产流动主要包括两个方面：一方面是进行实业投资；另一方面是进行金融投资。当然，就流通效率而言，一般投资金融的效率更高。

比如投资股票、基金等金融产品，如果策略和操作得当，就会有不错的收益。然而，资产流动不仅要考虑如何流动，而且要考虑如何安全地流动。也就是说，金融投资要考虑投资收益率和风险率，如果收益率相对较低，而且风险系数很高，这样的投资就要避免。

当然，如果金融投资面临很多难题，就可以将资金投入房地产或者其他实业投资项目；如果实业投资条件不佳，也可以将投入房地产或者其他实业的资金变现，根据情况进行金融投资。

日常应用

资本只有流动起来，才能发挥资本的功能和作用。借助资本流动可以实现收益增长。

1. 加强资本运营

很多时候，金融资本需要不断地流转才能获得收益。如果想赚钱，那么最好进行有效的投资，让钱不断地"滚雪球"，变成更多的钱。

2. 关注资金流向和回流效率

如果不清楚资金流向，就有可能盲目地投资，不仅难以保证持续的收益，还有可能遭受巨大的损失。当然，还需要关注资金的回流效率。如果资金套牢的时间太长，资金运营的时间成本就会过高，难以灵活地去进行其他投资。

3. 加强资本流通知识的学习

积极提升自身进行资金流转的能力，让资本更好地为自己赚钱，帮助我们实现财务自由或资本高效运行，提高资本的利用效率。

第七章 投资篇：让你喜笑颜开的赚钱法则

资本运营：长期保鲜

😊 幽默故事

丈夫对做完饭的妻子说："你做的这个菜太油了，简直难以下咽。"

妻子："凑合吃吧，还能怎么样？"

丈夫："你要知道我是个完美主义者……"

妻子："没错，你总是喜欢展示自己追求完美的一面。"

丈夫："我真是受不了你了。"

妻子："别这样说，你娶了我，而我又嫁给了你，这说明了一切。我们都是完美的彼此，而且还要长期保鲜呢。"

🎤 趣味点评

丈夫和妻子因为饭菜而争吵，丈夫觉得妻子的菜做得不够好，而妻子根本无所谓。但是丈夫觉得不应该如此，所以他对妻子表达了不满。可是妻子非常现实地告诉他，他追求完美所以娶了她，而她没有那么追求完美，所以嫁给了他。

婚姻是需要经营的，经营的关键是找到相处的最优解，遇到问题能够妥善地看待和化解。金融投资也是一个追求完美的过程，其核心是追求投资活动的最优解。缺乏资本运营能力的机构和个人在金融活动中的表现会有些许欠佳。所谓资本运营，是让资本发生流动、组合、裂变、优化等操作，以实现最大化增值增效的活动。

金融学解读

资本运营有两种结果：一种是通过运营提高资本运行效率，实现了价值增值，也就是资本扩张；另一种是资本运行效率下降，造成了价值亏损，也就是资本收缩。

资本运营，首先需要有资本。通过多年来默默无闻的发展，中国很多企业和个人实现了财富积累，具备了资本运营的先决条件。当然，资本运营并不是说一定要手握重金。资本运营的神奇之处在于，即使你身无分文，只要具有可供调用的各类资源，然后具备资本运营的知识、技能，也可以进行资本运营，获得较好的收益。只不过具有财富资本是资本运营最为常见的前提条件之一，也最容易产生效益，因而也就受到大众的青睐。

20世纪90年代，一位具备IT知识的博士，由于拥有在国外学习、生活的经历，打算借鉴国外的做法开发一个中文网站。那时中文网站还比较少。这位博士先找他的老师借了10万美元，然后开始做网站，并找到了一个可行的赚钱模式。后来，他通过游说相关机构和人士获得了新的投资，几年后公司上市了。那时互联网发展正好处于爆发式增长的阶段，该网站股票一路上涨，这位博士成了一个大富翁。虽然没有启动资本，但是这位博士具有人脉等资源，也可以经由融资等渠道实现资本增值的目的。

资本运营的关键条件是具有广博和深厚的金融知识。因为资本运营涉及的内容非常庞杂，如果某个环节出现问题，最终结果可能会打折扣。更重要的是，凭借丰富的知识和经验积累，可以很好地进行资本的集成式应用，提高资本的运营效果。

当然，资本运营最好的载体是企业。因为资本运营涉及的资本并不总是资金，还包括房地产等各类资产，这些都是资本运营的形式范围。作为一家企业，其资本承载力和运营的便利度相应地会更高，方便资本运营过程中的各类操作。可见，企业渠道也是资本运营的一个重要条件。

日常应用

我们这里不讨论资本运营的技术工具，只讨论资本运营的思路。具体的应用包括以下两个方面。

1.注重资本积累

每个人都应该或多或少地参与金融活动，并从中获取一定的收益。这样就能不断地增加自己的资本，从而为资本的多样化运营创造必要的基础条件。

2.加强资本运营

依托企业或个人渠道，进行资本的多元化运营，创造更多的盈利渠道，让资本以更加高效的方式进行流通，获得资本总量的快速增长。

多元组合：均衡你的武器火力

😊 幽默故事

同学甲和同学乙因为发生口角，打了一架。

甲回家后，让爸爸给自己包扎伤口。

爸爸："你是打架输掉了吗？"

甲："没错，我没想到乙太不道德了。"

爸爸:"他怎么了?"

甲:"我和他商量,每个人都可以选择三个武器。"

爸爸:"这没有什么问题啊,很公平。"

甲:"我起先也这样觉得,可是他不仅选择了两样武器,还选择了他的哥哥。"

趣味点评

毫无疑问,1+1 可能会形成大于 2 的效果。这也是乙赢得这次打架的关键。如果你选择孤身一人面对,就没有外援为你加成了,所有收获将由你个人来争取。但是组合起来,两个人或者很多人,就能带来更多的收获。这是甲吃亏的原因。

在金融活动中,特别是在金融投资中,进行多元投资,即采取组合的方式进行运作,把鸡蛋放在不同的篮子里,往往更容易获得稳定的收益,减小风险的伤害。实际上,如果你只把赌注放在一个篮子里,就可能一无所有,但是,当你把赌注放在不同的选项上时,总有选项会为你带来收获。

金融学解读

多元组合投资,本质上是选择不同的资产分配权重,以实现投资效益最大化的过程。

在不同的风险条件下,我们对待事情的方法可能是不同的。风险越大,越要想办法分散风险;风险越小,越要更多地考虑便利性等因素。金融投资,属于高风险的活动。金融市场每时每刻都可能发生剧烈的波动,所带来的盈利或亏损会被指数级放大。

金融产品的配置,可以从不同的维度进行考虑,比如投资回报率、投资

第七章　投资篇：让你喜笑颜开的赚钱法则

风险程度、投资的可持续性、投资的影响力、投资的价值等。这些因素对于投资决策具有关键性作用，特别是对于长期开展金融活动的人而言，投资的每个影响因素都要考虑到，否则这些影响因素一旦成为主导因素而又带来负面效应时，往往就来不及后悔了。

比如想追求利润，就搭配一些高回报的金融产品，然后进行高频次的交易操作，这样也可能获得较多的利润。当然，如果要持续保持高利润率的投资，那么除了站在风口上投资以外，其他渠道的可能性较小。

所谓站在风口上投资，就是选择那些具有极大的增长概率、较高的利润率的投资项目，比如一些有价值的高科技公司股票等。"拼多多"的股票在短时间内飙升了数十倍，这让当初没有投资"拼多多"的人感到遗憾，但是投资"拼多多"的人却高兴得嘴都合不拢了。

当然，金融投资更加科学的投资理念，是均衡地考虑各项影响因素。也就是运用组合投资的方法进行决策，这样才能更加稳妥地开展金融活动，既能获得可观的收益，又能适当地避免遭遇风险和损失。

特别是新冠疫情以来，国际经济形势整体不容乐观，金融市场也越来越受到影响。在这种前提下，金融资产的动态配置和多元组合投资就变得非常重要。因为在风险变得密集，同时金融市场的不确定性越来越大时，金融投资的收益预期就会下降，这就带来了金融产品的合并和削减，造成了投资活动的疲弱。为了对冲某项投资活动收益的下降，只有多投资一些金融产品，才可能通过某些项目的盈利来提升整体的投资收益。

比如对于股票的投资，可能既要关注成长型股票，也要关注具有可持续性价值的股票，也就是说要同时投资新兴公司和老牌公司。比如对于行业领域而言，新能源产业、人工智能产业等依然火爆，如果能够较早进入这些领域，选对产品，那么收益就会滚滚而来。再比如，根据以往规律，实际利率走低时，黄金价格会上涨，而实际利率上升时，黄金价格则面临下跌。在实际利率的走势并不明朗时,投资黄金则显得不够理性。

日常应用

多元组合的策略应用核心是获得更多的可能性,即使遭遇风险,也不至于全军覆灭,还能保存实力。

1. 开展组合投资

在投资中要注重平摊风险,也就是把资金分别投资到不同的金融产品上,这样的组合式投资可以更好地获取收益,更重要的是能够避免因遭遇重大失败而变得一无所有。

2. 实行多元化投资

无论是投资还是进行其他金融活动,都应该扩大选择的范围,让自己能够有更多的选择,从而保证有足够的调整变化空间,以获得相应的收益。

虹吸效应:天气预报的概率

😊 幽默故事

记者来到气象站采访年轻的天气预报员:"你在气象站工作最难的是什么?"

预报员:"最难的是不知道该听谁的。"

记者看着气象站里各种先进的仪器,说:"天气预报不是依靠仪器来分析确定吗?"

第七章　投资篇：让你喜笑颜开的赚钱法则

预报员："我一开始也这样认为的。可是后来发现，天气预报是个概率事件。比如有80%的概率下雨，那说明5个预报员里会有4个认为下雨，我必须问清楚他们每个人的看法，然后得出与多数人一致的结论。"

趣味点评

年轻的天气预报员简单地根据其他预报员的选项来进行天气预报，显然是不合理的。但是这个故事说明，如果你总是跟风去找寻问题的答案，那么答案或许离你很远。你应该通过理性分析来获得问题的准确答案。

金融活动也一样，如果不是你自己理性地进行分析判断，而是看到别人赚钱就盲目地跟进投资，就很有可能会遭受损失。这个现象反映的内在原理就是虹吸效应，也就是分析跟风做出决策的问题。虹吸效应是指，当金融市场内有效益比较好的投资产品时，散户易出现从众心理，这个投资产品会将大量的散户资金吸引过来，而由于这些资金的推动，这个投资产品会出现更大的增长。

金融学解读

虹吸效应的来源是虹吸现象，也就是连接器内的某种流体由于势能不同而造成压力不同，流体从连接器的一端流向另一端的现象。后来人们把发生虹吸现象的过程称为虹吸效应。金融业是一个大的流体池，不同的资本在其中流转。金融学的虹吸效应是指，当出现涨势明显的金融产品时，这款金融产品会将市场中的散户聚集过来，从而造成该金融产品更强的增长势头。

毫无疑问，虹吸效应反映的是大众投资者的从众心理，也就是看到一些优势的投资项目，很多人会一窝蜂地涌向这个项目进行投资，希望从中获取丰厚的利润。

能够发生虹吸效应的产品，一般是那些资金实力雄厚、口碑良好、盈利率较高的明星投资产品，一旦推向市场，就会受到大量投资者的追捧，这些产品就会水涨船高，变得炙手可热，吸引越来越多人的投资。

另外，从资本逐利的角度来看，市场资金的流向也倾向于投资那些美誉度高、收益率高的产品，这样可以尽可能多地获取收益。很多时候，一些银行或者金融机构的投资交易员紧盯的也是那些明星投资产品，以确保获得既定的投资预期。

现实情况下，虹吸效应的受益者大多是先期买入的投资者，而那些后面跟随入市的投资者收益就会压缩，有的甚至会亏损。这是因为投资项目大多数情况下在经历爆发式增长后，就会出现下跌的趋势，而那些后期追加的部分投资就会面临亏损。

根据招商银行发布的研究报告，我国的金融资源在地域上虹吸效应显著。比如在存款余额方面，广东、北京、江苏、上海、浙江5地就占全国总存款的40%以上。又如在保险领域方面，北京的保险密度、保险深度都远高于其他地区。再如在上市公司方面，北京、上海、广东3地总市值占全国比重超过50%。

可见，金融领域的虹吸效应非常普遍，在地域上如此，在行业领域内如此，即便是一些产品也如此。平安银行2003年曾在业内率先推出"1+N"供应链金融业务；2006年推出"供应链金融"服务，当年累计融资3000亿元。可以说供应链金融由于能够将资金流、信息流等资源进行整合，因而可以为客户提供更加安全有效的融资渠道，这就吸引了大量的中小微企业和投资者进行投融资活动。

对于金融市场上大量的个股产品而言，银行、保险公司、证券商等资本的虹吸效应太强，个股非常容易受到影响，成为"被割的韭菜"。在这种前提下，金融投资，特别是股票投资一定要注重把握虹吸效应。如果能够利用虹吸效应赚钱更好，相反，如果不能把握虹吸效应，就不要进行相关项目的投资。

对于金融资产收益率较低的情形，很多金融资产会通过虹吸效应来达成抱团取暖的效果。比如如果其他行业的市场不够景气，而新能源领域板块受到大众和政府关注，抛开市场炒作或赚钱效应等带来的影响，那么金融资产就可能会在新能源板块上聚力，形成虹吸效应带来一波盈利。

日常应用

虹吸效应内在反映的是金融活动的趋势，也就是资本会流向优势项目，让优势项目获得更多的关注和投资。

1. 加强投资预判

对于潜力型金融产品，入手越早赚得就越多，入手越晚盈利空间就越有限。所以要挖掘利用好各类金融消息，做好金融产品的预测预判，及时精准地发现潜力型金融产品。

2. 谨慎对待收益处于高点的金融产品

很多金融产品在经历爆发式增长后，投资的收益空间已经基本释放，再继续跟进就有可能陷入下滑的趋势，进而带来损失。所以这个阶段投资者应该保持理性的观察和分析，避免盲目的投资行为。

祖鲁法则：闭着一只眼睛射击

😊 幽默故事

一位射击运动员在教儿子如何射击。

儿子："爸爸，你为什么每次都要闭起一只眼睛。"

爸爸："那当然，如果我两只眼都闭起来，什么都看不到。"

儿子："我的意思是为什么两只眼不都睁着呢？"

爸爸："宝贝，你用筷子的时候为什么不用五根手指一起抓呢？"

🎙 趣味点评

射击运动需要集中到一点去瞄准，而双眼相当于光学仪器组合，这也是射击运动员用一只眼进行瞄准的缘由。运动员以另一个例子告诉儿子，如果你用五根手指攥着筷子，那么筷子的使用效率并不会比三根手指捏着更高效。

集中力量开展金融交易，往往能够收到奇效，这个原理称为祖鲁法则。当然，这与金融活动的一般规律有关。当资本积累不够充分时，往往只能聚焦某个方面去投资，而不是考虑进行组合投资。

金融学解读

祖鲁法则是英国投资家吉姆·斯莱特提出的投资原则。所谓祖鲁法则即

第七章　投资篇：让你喜笑颜开的赚钱法则

祖鲁人所运用的生存法则。19世纪英国与南非的祖鲁王国之间发生了一场战争。面对拥有很多先进武器、装备精良的英国军队，拿着大刀和长矛的祖鲁人选择集中兵力突袭，在一次重大战役中战胜了英国军队。但是，由于双方的武器装备悬殊，祖鲁王国最终战败。

吉姆·斯莱特将祖鲁人采取的作战思路运用到金融投资领域，经过实践的修正，命名为祖鲁法则。祖鲁法则的核心观念，就是集中所有资金去做某项投资。现实意义是，在投资市场内集中散户的力量，在选定的领域进行投资，可能会打败机构投资者，获得高额的收益。

其实一般投资者进入投资市场，开始从事投资活动后，往往感到迷茫，因为面对琳琅满目的投资项目，没有经过系统学习和实践操作的人很难选出合适的投资项目。

祖鲁法则所青睐的投资项目是那种成长型的金融产品，就是市场潜力很大、当前正在起步、市场价值还未开发出来的产品，但是这种项目随着开发会爆发式增长，对于投资者而言意味着赚得盆满钵满。

正如要打穿木板，与其用铁柱，不如用铁钉一样，投资金融产品也要注意效率问题。祖鲁法则就是让投资者更加关注投资效率，如果遇到有潜力的投资项目，就要以小博大，以此获取超额利润。

祖鲁法则乍看起来和多元组合的理念相违背，实际上它们是互相补充、互为依托的。祖鲁法则投资的是那种具有投资潜力、能够集中力量获得较高收益的项目，而多元组合投资的是多项具有投资潜力且能够获得较高收益的项目。多元组合比祖鲁法则更进一步的是，它更多地考虑了风险因素，通过多元组合投资来减少风险带来的伤害。祖鲁法则对于风险的防控偏弱，可能会陷入被动的亏损局面。

当然，吉姆·斯莱特在运用祖鲁法则投资时，一开始就取得了显著成效。他推荐的股票投资组合策略，在3年内利润率一度超过60%，而当时英国股市普遍增长率不足5%，他因此声名鹊起。但是由于经济不景气和金融风暴等因素的影响，他的公司在10年后破产了，并欠了很多债。他一边还债，一边积蓄力量，后来重回股市，赚回了比过去更多的财富。

日常应用

祖鲁法则体现的是将资源集中起来运用的思维，这在资本不足、投资可选项较少或投资趋势情况不够明朗时，往往可以带来很好的效果，能够获得可观的收益。

1. 聚焦某款金融产品进行投资

当你对一款产品越来越熟悉时，投资往往更加稳妥，从而能够更好地获得收益。实际上，聚焦式投资特别适合于自身资金较少的情形。

2. 适度考虑投资风险

将资金集中到某款金融产品上，在这款产品是成长型产品时可以获益，但是当产品不是成长型产品时，就会遭受损失。也就是说，要审慎地进行聚焦式金融活动，投资要充分地考虑风险。

阿莱悖论：征兵广告

幽默故事

征兵办公室发布了一则征兵广告："去当兵吧，当兵后你将胜任总经理助理、综合部经理、保安队长等各种岗位。"

后来，有人在广告上加了一行字："我很愿意去当兵，可是我已经是一位

第七章　投资篇：让你喜笑颜开的赚钱法则

保安队长了。"

🎤 趣味点评

征兵办公室打算征兵，并抛出了当兵的收益来吸引人们当兵，比如能够胜任保安队长等岗位。然而一位保安队长虽然也想去当兵，可是他已经是保安队长了，那么他可能就没有必要再去当兵了。

这个故事说明，当你要付出努力才能获得的收益，实际上对自身并没有什么吸引力时，就会放弃获得这个收益。换句话说，当收益能够确认时，就不想去承担风险了，这就是阿莱悖论的结论。

📊 金融学解读

阿莱悖论是指投资者在确定的收益面前讨厌风险，而在确定的亏损面前却喜爱风险。说白了，很多人在面对即将到手的收益时，并不想承担风险。如果风险真的到来而失去收益时，那就真是煮熟的鸭子飞了——损失太大了。但是，如果明知即将承担风险，那么很多人就会有那种"死猪不怕开水烫"的感觉，希望通过承受更大的风险去赌一把，以此获得更高的预期收益。

阿莱悖论是法国经济学家莫里斯·阿莱经过测试得出的一种结论。他在实验中一共设置了两组测试，针对100人的选项结果进行研究。第一组测试有两个选项。选项A：100%的结果获得100万元。选项B：10%的机会获得500万元；89%的机会获得100万元；1%的机会一无所获。测试结果是，绝大多数人选择A而不是B。

第二组测试也有两个选项。选项C：11%的机会获得100万元；89%的机会一无所获。选项D：10%的机会获得500万元；90%的机会一无所获。测试结果是，绝大多数人选择D而不是C。

按照期望效用原理，喜欢风险的人会选择 B 和 D，讨厌风险的人会选择 A 和 C。但是阿莱悖论的测试结果显示并非如此。

我们此前介绍过确定效应，实际上阿莱悖论产生的原因就是确定效应，也就是人们对确定的结果往往非常重视，而对不确定的结果则没有那么重视。

阿莱悖论在现实金融投资中非常普遍。特别是投资亏损的人，他们为了获取收益就会抱有一定的赌徒心理，希望以巨大的风险来博取巨大的收益，结果往往让人失望。

现实情况下，很多人具有赚小亏大的经历，其背后的逻辑就是阿莱悖论。因为人们在持续地获取确定的较小收益，所以赚取的收益也在不断累加，增长比较缓慢；而一旦亏损，特别是持续亏损，就会造成赌徒心理，越来越希望获取巨大的回报，而不在乎风险程度，最终形成巨大的亏损。

日常应用

人们对于风险的态度往往爱恨交加，这可能也是大家对待阿莱悖论的态度。当风险能够带来收益时，人们喜欢风险；当风险带来损失时，人们却又厌恶风险。

1. 警惕赌徒心态

很多时候，我们在面临确定的高风险事项时，往往会放弃对风险的敬畏，然后投入更大的赌注，结果遭受更大的失败，造成无法挽回的损失。

2. 保持投资理性

对于投资而言，在充分理性的前提下，可以适度大胆地去投资更高收益率的项目，这样就能走出赚少亏多的泥淖，赚取更多的利润，获得更好的收益。

趋势交易：新婚夫妇与老夫老妻

幽默故事

一对老夫妻时隔很久终于去旅游了一次。

回家的路上，妻子对丈夫说："让我们假装成一对新婚夫妇好吗？"

丈夫："好的。那时候你非常可爱。"

妻子："那么，你像我们刚结婚的时候一样背我上楼吧。"

丈夫："可以，当你恢复到刚结婚的体重时我很乐意。"

趣味点评

结婚多年的夫妻想要回到新婚状态，但是当面对现实问题，比如妻子的体重呈现增长趋势时，可能美好的向往就要变成对现实的自嘲。实际上，当现实条件发生变化后，预期结果大多也会发生变化，不会因为我们的主观期望而发生改变。

金融交易一定要在合适的时机和条件下进行。如果时机和条件变了，很多时候金融交易就很难持续进行下去。因为条件一旦发生变化，亏盈的一方可能就会发生反转。当交易时机或条件呈现某种发展趋势时，如何进行交易，这就是趋势交易要分析的内容和问题。交易时机和条件在时刻发生变化，你只能不断地获取市场信息，进而不断地修正自己的判断，以便做出对自己更加有利的决策。

有趣又好读的金融学

金融学解读

趋势交易是一种交易方法，就是根据金融市场的总体运行方向做出交易决策的方法。这里的"趋势"，指金融市场总体的运行方向。实际上，趋势交易的底层逻辑是对市场趋势进行分析预判，进而选择交易对象的过程。

趋势是个系统的概念。我们要理解它，就要突出对市场整体形势的分析，判断整体市场的发展趋向，而不是仅关注个别行业、个别领域或者个别机构、个别产品。毫无疑问，金融市场的复杂度极高，市场、机构、工具等琳琅满目、参差不齐，要想预判金融市场的发展趋势并不容易。

具体而言，趋势不外乎上涨、下跌和平稳三种。这些趋势一旦发生，大家都很容易看出来，但是此时操作的效用却难以保证，因而我们要在趋势未起之时进行金融活动，那样就可以更好地获得收益，减少亏损，从而实现投资的高额回报。

在金融市场整体向好的趋势下，各项投资可能都会有所获益，但是投资者应该选定一些金融产品组合来进行投资，而不是大水漫灌，选择太多的金融产品去运作。金融市场的上涨态势对于各项金融产品而言并不是均等的，因为不同金融产品的利润率差别也很大。那么选定特定的几项高收益率的金融产品往往更有利于保证收益。

当金融市场整体转差，各项投资的整体回报率很低时，金融活动要趋于守成，为遇到牛市而做好相应的准备，调整相应的投资结构，尽可能捕捉市场上升的拐点。当然，熊市也有赚钱的机会，但是就像你在下雨天晾干衣服一样，难度太大。

一般而言，金融市场总是处在上升或者下跌的过程中，但是也有某段时期可能处于一种相对的平衡状态，也就是金融市场既不是牛市，也不是熊市，而是在两者之间摇摆。在这样的市场环境中，金融活动就要聚焦一些热点领域、热点行业来进行投资，因为这些行业领域更容易发生爆发式增长，从而带来具有诱惑力的盈利。

趋势交易要解决的问题是摒弃点状式投资，也就是杜绝看到某款金融产品表现不错就立即买入，如果某款金融产品表现不好就立即卖出的情形，而是要关注行业领域的整体趋势。

实际上，在金融活动中，很多人并不总是能够把握规律，而是在市场进入某个节点，比如上涨或者下跌时，就跟风买入或者卖出，这些决策由于落在了市场趋势发展和运行的后期，因而也就难以获得期望的收益。

当然，趋势交易的核心是趋势的动态跟踪及灵活应对。在开展金融活动时，不能守株待兔。当你发现某些金融产品可能增长，只等待抓住这次机会时，就等于放弃了其他选项和机会。毫无疑问，守株待兔是被动式参与，而根据金融活动规律主动出击则是主动式参与，其效果不可同日而语。

在金融活动中，根据趋势进行交易应该是连续实施的，也就是趋势不是单一的，而是不断出现的，需要灵活应对。当一次趋势确定后，要积极预测后续波次的趋势，让多重趋势交易后获得的金融活动优势累积起来，形成更加丰厚的金融活动收益。

日常应用

对趋势交易体现更多的是对市场整体走势的把握，因而对市场运行规律、特点、条件等内容的理解、认识、操作、运用都很关键。

1. 把握整体趋势

金融市场的运行是具有一定规律的，这种规律一般都是通过金融活动的趋势反映出来。因此，要积极把握金融活动的运行趋势，更好地认识金融发展的规律，助力于金融投资和运营。

2. 依托趋势进行交易

只有把握金融活动的规律和趋势，金融交易才能更加高效。这表明，只有依据金融发展趋势进行投资操作，才能获得更高的收益。

第八章

问题篇：风趣透析金融学热点

经济衰退:"怕浪让我滚"

😊 幽默故事

两位服装经销商在购销会上交流。

经销商 A:"前段时间我策划了一次优惠活动,收效甚微……"

经销商 B:"现在我是佛系销售,我劝你也淡定一点……"

经销商 A:"本来我觉得没啥,所以最近又启动了一个新活动,没想到又失败了。"

经销商 B:"唉,经济衰退的浪潮下,我们还是老老实实待着吧,否则一个浪过来,我们就可能被拍在沙滩上。"

经销商 A:"浪起浪涌很正常。我不怕被浪拍打,我怕浪让我滚!"

🎤 趣味点评

经销商 A 和经销商 B 因为经济环境不景气导致销售状况不佳而相互吐槽。经销商 A 想在经济衰退的时候有一些作为,但是收效不好;经销商 B 则是佛系销售,看得很淡。可以看出,经济衰退是整个国家经济层面发生持续负增长的情形。

通过这则故事,我们对经济衰退有了比较深刻的认识:经济衰退对商业社会的影响是巨大的,对销售、生产等各个环节都有一定的限制。经济环境不好的时候,整个商业都会受到不利影响。此时,我们就需要冷静地看待市场，不要盲目激进地去尝试投资。

金融学解读

经济衰退有两个前提：一个是经济负增长；另一个是处于持续状态。比如 2020 年中国第一季度经济增长率出现负值，但是第二季度又回归正值，这样就不能说中国经济陷入了衰退。

然而对于一些国家而言，虽然经济未进入负增长行列，但是经济增速下降幅度比较大，总体增长率比国际平均值低得多，这种情形也可以视作经济衰退。

我们这里探讨经济衰退，并不是说经济衰退和金融危机等金融问题一定相关。虽然它们之间存在一定的相互影响关系，但是不能绝对地说经济衰退就一定会引发金融危机，而金融危机的出现就会带来经济衰退。

当然，我们进行金融活动，特别是参与金融投资时，必须时刻警惕经济衰退对金融系统的影响，比如经济衰退带来资金流通率的降低，使得贷款难度加大，或者贷款利率升高等。这些影响可能不会立即反映在金融活动中，但是这些潜在危险更加难以防备，也更容易给经济社会带来巨大的伤害。

经济衰退，往往意味着资金流转的效率变低了。也就是说，如果你投资了某些金融产品，那么你可能短期内并不容易见到收益，甚至还要面临亏损。这带来的最大考验是，你是否有足够的资金来保证金融活动或者日常生活的持续运作。否则一旦难以保证资金供给，就会带来金融困境，最后只能低价出售手中的其他金融产品或者资产，以此来渡过难关。

万达集团在不断扩张的过程中，曾获得了非常好的收益率。王健林还曾登顶中国首富。然而，随着房地产开发行业整体趋于稳定，房地产开发业务的扩张和发展的先发红利已经难以持续，万达集团早期高速扩张的弊端逐步显现出来，那就是资金周转将会面临较大的压力。这并非经济的全部衰退，而是行业领域的内部走弱，但是对于一家企业而言影响是巨大的。于是，万达集团出售了很多资产项目以回笼资金，解决发展过程中资金链面临压力的困境。

多年前，巨人集团凭借保健品和网络游戏疯狂扩张后，资金链慢慢出现断裂。难以承载资金巨大缺口压力的巨人集团，眼睁睁地看着承载了"巨人"野心的巨人大厦成为一座名副其实的烂尾楼。直到如今，这座坐落在广东省珠海市香洲区的大厦依然如一座孤岛，变得越来越沉寂。作为投资权益人之一的平安银行，在2018年拍卖转让巨人大厦在建工程时，根本无人问津，只能流拍。

可见，行业领域的衰退，或者某个企业的衰退，对于投资者而言，影响是巨大的，必须认真甄别，以防止资金难以为继，进而带来不可避免的损失，甚至导致破产。

因此，当经济衰退出现或者具有衰退的倾向时，投资者就要未雨绸缪，及时规划管理自己的投资项目，统筹做好相应的应对准备工作。一方面尽可能降低经济衰退所带来的影响，另一方面利用一些金融产品获得可能的收益。经济衰退背景下，要加强金融产品和金融工具的灵活运用，让金融资产在不同的环境条件下都能够保值甚至增值。

对于银行和政府机构而言，经济衰退意味着采取收紧的财政和货币政策，这可能会进一步加剧经济衰退，让本来处于低位的经济形势持续转差，给市场和投资者的信心带来负面影响。

经济衰退的过程不是一瞬间的，而是渐变的、不断演进的。当一次经济衰退过程到来前或者到来时，我们会采取相应的政策、措施等来应对，但是这些政策、措施很可能反过来进一步导致经济衰退。毫无疑问，经济衰退一旦降临，就不是一个短期过程，而是一个需要持续防范和化解的难题。具体而言，经济衰退具有以下几个明显特征。

一是利率变动。如果要收紧贷款，那么可以提高利率，这会使人们变得不会积极贷款。当贷款减少时，投资和金融活动就会受到限制，从而不断缩小投资和贸易的规模和频率，投资和金融活动将会变得不那么活跃。

二是股票价格变动。当股票价格受到经济衰退的影响开始下降后，意味着企业的总值将会下降，这让那些放出贷款的银行家不安，他们会减少对这些企业的贷款，同时投资者也会持观望态度，减少大额投资。也就是说，随着股票的价格下滑，无论是银行，还是投资者都不愿冒着风险加大投资或者借贷力度，从而可能导致股票市场的萎缩。

三是银行资产变化。当经济衰退到来时，银行资产就难以快速增长，并且可能随着应对经济衰退的支出增加而不断收缩，这就意味着能够用在发放贷款的钱会减少，从而导致银行贷款额下降。当不同的银行都出现如此情况时，就会产生银行危机，也就是发生银行业内的金融危机，这对于金融市场的影响是巨大的。

日常应用

经济衰退给我们日常生活带来的最直观感受是钱不好挣了，然后衍生出钱不够花、钱花得快等问题。实际上，这是一回事，就是经济衰退导致资金流动的效率变低了，我们手中能够流动的钱变少，甚至只能维持基本的生产生活需要。

1. 降低消费

当经济衰退时，也预示着赚钱会更不容易，所以我们在开源比较难的情况下要进行节流。当然，降低消费主要针对的是非刚需的消费，而食物、教育等消费依然可以保持在一定的水准。

2. 增加存款

经济衰退时，高风险投资难以保证收益，而且风险更大，这样就需要增加储蓄投资的份额，以保证获得稳定的收益。另外，家庭要备好适当的现金，以供日常生活所需。

3. 减少高风险投资

经济衰退的大环境下，投资的风险会放大，并变得更加难以控制，所以为了稳妥暂时不要踏足高风险投资领域。待到经济平稳，特别是经济开始持续增长的情况下，再做出相应投资决策也不迟。

债务危机：投资人"送礼"

☺ 幽默故事

李东和上大学的儿子聊天，谈起了房利美公司。

儿子："房利美公司的业务范围这么广，肯定有盈利的项目，怎么会欠债那么多？"

李东："这有什么好疑问的，关键是投资人看好它，让它不断地扩张业务，但由于回笼资金没有那么快，就会有欠债。"

儿子："这么说它具有一定偿债能力了，为什么还欠债那么多？"

李东："一开始是有，可是正如那句老话：'虱子多了不痒。'后来债务越积越多，也就很难如期偿还了，它只好赖账了。"

儿子："这不是抢劫吗？"

李东："根本不是，这是投资人在'送礼'。"

第八章　问题篇：风趣透析金融学热点

🎙 趣味点评

李东和儿子通过分析认为，在房利美公司不断扩张业务的同时，却没有确保资金链条的安全，因而让欠债从可能事实变成了既成事实。那些后期继续投资房利美公司的投资者，可能就是在给房利美公司"送礼"。

对于已经欠债的房利美公司而言，越积越多的债务已经成为摆在它面前的重要问题。然而随着投资人要求回报的需求，房利美公司不得不继续扩张业务，以期获得更多的收益。但是收益却远远达不到房利美公司和投资人自身的期望，这就使得房利美公司偿债的压力越来越大。这种现象就是债务危机，是金融活动中很常见的一种危机。所谓债务危机，是借债者无力偿还债务的情况。大到一个国家，中到一家企业，小到个人，都可能面临债务危机。

📊 金融学解读

对一个初始资本较少的创业者或者守业者而言，如果要发展某些商业项目，可以通过借债来启动项目。可是，当借债越来越多，而自身的收益又不足以偿还债务时，债务危机就随之而来。特别是对当前一些企业而言，自身的高负债率不能不引起投资者的重视。

就拿恒大集团来说，2021年因面临巨大的债务压力而频频被媒体和公众关注。恒大集团2021年上半年财务报表数据显示，截至当年6月底，恒大集团面临的债务与恒大的现金和现金等价物之比接近4∶1。在这样的情况下，政府开始进行深度监管，包括约谈企业负责人等，国际信用评级机构开始下调企业信用评级，这些行为对恒大集团的正常商业运营都产生了一定影响。

当然，债务危机不断加重的后果，是企业只能通过变卖资产来缓解或解除危机。如果债务已经积重难返，此时债务危机就变得很棘手。比如乐视集团的债务不断增加,乐视大厦等资产均启动拍卖程序,但仍然难以解除乐视所面临的债务危机。乐视创始人也被列入限制消费名单。

在债务危机累积到一定程度,投资者和管理者短期内均无法采取措施扭转局面时,金融监管机构就应该介入。甚至在债务危机刚出现苗头时,金融监管机构根据大数据分析及社会各方面信息,也可能提前介入,以便更好地防范和应对债务危机。

问题的关键是,很多企业面临债务危机时,会通过各种手段来营造自身良好的经营形象,而且将债务危机的隐患隐藏起来,一方面迷惑广大投资者和社会人群,另一方面也让监管机构放松警惕,导致在出现问题前来不及采取果断有力的预防措施。

这是很麻烦却又很普遍的问题。导致债务危机的根源是公司治理的疲弱,正是由于企业风险管理力度不够,导致问题发生时没有强有力的力量去扭转局面。最终随着问题的继续加重和密集型的问题爆发,事情往往很难顺利收场。

金融监管机构对于企业的资产运营具有监管责任,要更好地运用大数据、专家咨询等手段来提升企业金融监管的效益;银行等机构要密切关注企业的金融资产结构和数量,以适度的杠杆来开展借贷活动,避免企业出现资不抵债等情况。投资者应该擦亮眼睛,寻求各种信息的支撑,做出理性适度的投资决策,避免选择参与具有债务危机倾向的金融产品。

日常应用

债务危机一旦发生,很难逆转,因此我们要着力于债务危机的预防。其中有两个方面需要注意:一方面是要关注投资的金融机构、金融项目或金融产品是否具有债务风险,对其进行仔细甄别;另一方面是把握自身的债务水平,控制在自己能够偿还的合理范围内,并减少投资预期。具体而言,要做好以下三个方面的工作。

1. 关注信用评级

对于要投资的金融机构、金融项目和金融产品，一定要关注信用评级，是否存在债务纠纷或者经营风险等情况，如果情况比较突出，就要三思而后行。

2. 查看财务报表

重点要对财务报表中的净利润、净债务等进行把握，特别是对于现有资金等更要密切关注。如果出现净利润比较低、净债务在增长、现有资金在下降等情况，就要避免投资，以免造成损失。

3. 把握债务比例

在日常金融活动中，借贷或许不可避免，同时也是一种积极的金融手段，但是一定要将债务控制在合理范围内，不让债务偿还变为负担。特别是当债务难以偿还时，就是不合理而且存在很大风险的金融操作行为。

石油纷争：三个解决方案

😊 幽默故事

有一对夫妻争吵不休，两个人都很累。

妻子："我们别吵了，我有三个解决方案。其中一个是我们都承认你是错的。"

丈夫期待地说："那第二个呢？"

妻子："我们都承认我没错。"

丈夫："那第三个呢？"

妻子坦然地说："我们都承认我是对的。"

趣味点评

夫妻之间发生争吵，后来妻子提出了三个解决方案，但是这三个解决方案都是有利于妻子的。一般而言，夫妻之间应该保持一种关系的平衡，也就是双方可能互有获益，或者互有付出。这种思维逻辑与石油纷争的思维逻辑相似。

由于石油市场内的每个参与者都想使自身利益最大化，于是生产商、销售商、资本家都在争取利益，相互间形成的合作关系显得有些"不怀好意"，最终由于追逐利益失衡而导致石油市场供需不平衡，带来石油交易时的各类问题。这就是所谓石油纷争，即围绕石油交易活动进行利益博弈的过程。

金融学解读

当产油国将石油源源不断地卖出时，它们也收到了来自买油国支付的大量现金。按照一般的逻辑，有了现金就存到银行。可是，大量的现金存款使银行感到空前的棘手。因为巨量存款需要支付大量的利息，而且必然要求银行将存入的资金借贷出去，产生利率差额以偿还需要支付的利息并获得一定的收益。

然而，问题在于巨量现金不可能马上找到大量的借贷者。银行只能先暂停吸纳存款，这无疑对银行的利润和信誉都会产生一定的不良影响。

于是，银行开始将借贷条件逐步放宽，以此吸引企业和个人借贷。但是，银行资金贷出之后，并不能保证每笔借款都能收回本金和利息，于是不良贷款逐步出现，也就是说难以按期收回贷款的情形将会越来越多。

第八章 问题篇：风趣透析金融学热点

这在一定的条件下，比如将资金大量借给发展落后的国家以促进这些国家的开发，或者在国际货币如美元坚挺运行时，可以掩盖其中的问题。一旦促使不良借贷问题崩塌的导火线出现，不良贷款问题就会让银行、借贷者、存款者都受到波及。

当然，金融资本进入石油市场既能促进石油交易，也能带来金融收益，本身可以激活金融活力，促进石油产业发展。这就是虽然市场参与者都显得"不怀好意"，但各个方面都达成默契，默认了这种游戏规则。不过，为了应对石油纷争，银行必须做好资产负债管理，既不让资产闲置，保持良好的利用率，也要保证自身资本周转。

当国际原油减少供应时，世界各国油价的波动就会变大，推动油价上涨。当然对于石油生产而言，供应问题不仅是市场问题，还涉及经济、政治等多重因素。

很多人会有疑问：石油生产国不是生产不出石油来，为什么总是供应不足呢？实际上，石油供应商、投资商、销售商等都要赚钱，如果供需总是平衡的，这些人的利润就不能达到最大化。这些商人为了更好地逐利，就只能让末端消费者买单。这也充分说明为什么商业合作要讲诚信，因为"不怀好意"的合作者太多了。

另外，当经济环境恶化时，石油生产国就会降低石油产量，以应对通货膨胀带来的实质性贬值，从而获得石油开发的效益最大化。然而，问题在于银行已经打开了大量借贷的口子，当石油生产国的存款出现减少时，就会给存款者和借款者带来不利。

石油金融的投资者众多，投资方式也迥然不同。我们必须深入分析其内部规律，才能理解石油金融投资的基本原理。如果石油价格处于高点，那么很多人会看跌石油价格；如果石油价格处于低点，那么很多人又会看涨石油价格。这是最基本的石油投资原理。

但是很多因素会影响石油价格变化，比如国际关系或者重大事件的发生等，都会让石油价格发生变动。当然随着大国博弈等事件的发生，石油价格也可能维持一定程度的稳定。这就是说，石油金融不仅受一般的投资规律影响，还有很多偶然性因素在某些特定环境下会发挥关键作用。

在实际石油金融投资中，如果你是非专业人士，那么最好寻求专业投资机构或者专业投资人的咨询帮助，根据咨询意见做出理性而适度的投资操作。不同的利益者如何分蛋糕，让金融产品更好地助力获益非常重要。

石油金融的投资有很多的技巧，我们梳理一些基本的思路，供大家借鉴。

一是注意国际原油市场的动态变化。国际原油价格和国际石油期货价格均受原油市场供需关系、经济发展、政治、政策、美元、战争等因素的影响。因此要密切关注这些因素的变化对石油投资可能带来的影响，这样才能更好地获得收益或者避免遭受损失。

二是选择合适的投资策略。任何投资都希望获得稳定和高额的收益，石油金融投资也不例外。要关注石油投资的风险，根据自身的风险承受能力，选择合适的投资策略，注重分散投资，保持合理的杠杆率，避免为追求高利润而陷入高风险，产生严重的损失。

三是保持适度的投资额度。石油金融的投资周期相对较长，如果想要资金流转快一些，就需要慎重投资石油金融产品。

最好手中能够保持适度的资金量流转，避免资金流转不畅带来不便。

日常应用

石油作为大宗商品的重要代表，其本身的投融资潜力很强，让很多投资者追捧有加。作为普通投资者，关注点可以放在以下两个方面。

1. 确定金融产品投资策略

石油金融产品的投资要注重国际关系、金融市场变化情况、金融产品的收益率等因素，结合专业人士的意见综合做出考虑，同时进行组合式投资，避免投资风险。

2. 平衡金融产品投资比例

石油投资的利润相对较高，但是也有很大风险，这就要求必须合理地投资，不能过度地依赖或者无限度地投入，而要把握好时机和节奏，控制好投入量和投资结构，稳妥地进行投资。

房地产迷雾：后悔

☺ 幽默故事

一位售楼小姐对走进售楼处的张女士说："女士，您一定要抓住机会入手这套房子，否则您会后悔的。"

张女士："为什么会后悔？"

售楼小姐："这个小区目前刚开始营销，就吸引了大量购房者的关注，很多人都买了……如果现在不买，您就亏大了。"

张女士："你可以带我去看看样板间吗？"

看过样板间，张女士发现了很多问题，急匆匆地想要离开。

售楼小姐以为张女士要付定金，她指着财务处的方向说："您这边请。"

张女士："我还是外边请吧。"

趣味点评

售楼小姐向张女士讲了很多具有正面引导效应的话，希望吸引张女士购买房屋，但是张女士看过样板间后理智地拒绝了售楼小姐"心灵鸡汤"式的营销。

对于房地产而言，"房住不炒"已经成为共识，居住体验和生活质量越来越受到重视。单纯的程式化营销及房地产行业的盲目扩张越来越引起人们的反感，这是房地产迷雾中的一个侧面。所谓房地产迷雾，就是房地产投资并不是总能盈利的，反而有很多"陷阱"，比如价格、地理位置、户型等造成房地产投资失利。

金融学解读

房地产金融是房地产领域金融活动的统称。具体而言，房地产金融是包括房屋抵押、融资、贷款、保险、信托、证券、公积金等诸多金融活动在内的体系化金融概念。

当然，房地产金融有其独特的缘起。房地产金融与人们的生活息息相关，住有其居的愿望影响着人们的金融活动。作为大宗资产，房地产具有巨大的资金吸附能力，可以将人们的积蓄以及潜在的经济支付能力固定在房地产购买和投资上。

以采取按揭贷款的方式投资房地产为例。实际情况就是，在使用较少的金额（可能是总价值的30%）作为首付情况下，就可以向银行贷款以弥补首付与总价款之间的差额，从而形成首付款的杠杆效应，放大房价增长的高收益率。

与此同时，借款人需要将房地产作为抵押物抵押给银行，以确保借款人无法偿还债务时银行具备没收抵押物进行偿债的权利，降低银行所需承担的金融风险。当然，银行只有在借债人无法偿还债务时，才能行使抵押物的收回权利，否则借债人依然完全享有抵押物的一切权益。

问题在于，当贷款集中性发放时，可能带来银行资金流动的风险，给房地产及金融市场带来不利影响。

房地产的金融风险涉及很多方面，比如经济周期波动、流动性风险、利率风险、汇率风险、政策风险、自然风险、市场供需波动、自身财务稳定性风险等。

当政策做出调整时，房地产投资可能由于决策失误而陷入亏损；如果遇到地震、洪水、火灾等自然灾害，房地产投资也可能面临巨大的风险；而且个人或者家庭由于种种原因也会出现资金流转困难的问题，这对房地产投资也是存在潜在隐患的。

但是，房地产开发商会极力推广自身的开发项目，承诺获得较高收益、良好体验，这与实际情况并不完全相符，而是存在一定的差距。

自然灾害如暴雨、地震等发生的可能性虽然较小，但是一旦发生其对房地产的影响却是巨大的。很多房屋在地震或者暴雨过后，成为无法居住的房屋，其经济价值会大幅萎缩，而相关赔偿却难以保证，这种投资风险也需要考虑在内。当然，投资者可以通过购买相应的保险产品，为投资房地产建立一道安全阀。

财务风险也会出现在房地产投资中。比如有的房地产开发公司资金链断链，亦无法筹集到后续资金，导致项目烂尾，那么投资者先期投入的资金就成为一个没有增长预期的固定投资项目，不仅不能预知收益，连本金兑现的日期也无从获知。

对于不同原因导致的房地产投资迷雾，很多人有不同的看法。有的人认为应该尽早投资房地产，坐等房地产增值的红利；有的人则想先储蓄，等有足够的经济能力时再购买房产。有的人认为不用一直在一线城市投资，可以到其他城市甚至偏远的县城购置房屋；有的人则心心念念地想在一线城市有一套属于自己的房子。有的人认为只买一套房满足居住需求就可以；有的人则倾向于购买多套房子。

这些看法有其合理的地方，也有其不合理的方面。这里我们概括一些原则，作为大家破解房地产迷雾的一些基本思路。

一是投资房子要在经济条件允许的情况下注重多元化组合，就是既有居住的房子，也有投资的房子，这样才能够保证收益最大化。

二是投资房子在地域上应该采取灵活态度，有合适的项目或者合适的房子，一线、二线城市，甚至某些县城的房子都有投资和购买的价值。这里需要注意当地的城市规划，根据规划和个人喜好来进行投资，避免带来后续问题，比如有的房子靠近商场方便购物，有的房子靠近车站会带来噪声等。

三是可以"先上车再付车钱"。也就是说，可能一开始我们拿不出很多钱去买房，但是如果手头的钱够首付就可以先付首付，然后再还贷款；如果贷款额度受限，可以搭配商业贷款进行组合还贷等。

四是在投资时机上，要把握政策导向，同时也要参照当地经济社会发展情况，既要关注具有增值空间、未来发展趋势好等有利条件，又要关注经济基础差、人口流动性较弱等不利条件，然后综合平衡，做出合理的选择。

日常应用

房地产市场在过去几十年方兴未艾，受到资本和大众消费者的追捧，然而房地产交易并非一直有利可图，大众消费者需要持续关注房地产市场的运行情况。

1. 房地产投资

在过去和未来一段时间内，房地产金融的热度依然很高，一方面是投资回报率较高的缘由，另一方面也和房地产金融在金融市场的地位有关。毫无疑问，房地产投资是最为赚钱的金融投资方式之一。在进行房地产投资时，要抱着早入手的原则，尽早地进行投资，只有这样才能使获得的收益最大化。

2. 房地产买卖

房地产只有多流通才能将金融价值变为实实在在的收益。所以房地产投资要在房地产价格进入增长缓慢期后及时进行买卖，释放出资金，以便进行更多有效的新投资，促进资金利用率的提升，扩大收益额度。

3. 房地产租赁

很多中产家庭都有多套住房，这就给房地产市场的租赁提供了很多可能性。因为租赁在不进行买卖的前提下，能够较好地维护甚至提升房地产的潜在价值，给予拥有者更多的收益路径。

粮食安全：一碗水端平

😊 幽默故事

老李和妻子坐在沙发上聊天。

老李："老张和老王让我去做见证人，为他们两人的交易作保。我感觉这事有点儿难。"

妻子："这有什么难的，一碗水端平不就好了？"

老李："可是老张给了我900元，老王只给了我600元，这对他俩不公平。"

妻子:"笨蛋,赶快把老张多给的 300 元退给他。"

趣味点评

老李的烦恼是自己不好拒绝老张和老王的公证需求,但是他也没法保证公平对待,所以和妻子商量。妻子劝他去除风险,也就是让当事人在相对公平的条件下去判别所要获得的利益和所需承担的风险,这样就解决了老李左右为难的麻烦。

对于粮食金融而言,和上述老李做公证人的事有异曲同工之妙。粮食是战略物资,如果引入资本将面临粮食安全风险,如果不引入资本则商业效益不高,因此如何对待资本在粮食贸易中的作用,就显得非常棘手。发展粮食金融,是让金融更好地提高粮食生产、贸易等方面的效率,更好地保障粮食安全。这是粮食市场发展过程中面临的重要问题——粮食安全,即粮食的储备、流通和交易需要在保证安全的状态下运行。

金融学解读

当粮食作为资本投资对象出现时,粮食的金融化就自然而生。粮食金融化,实际上就是粮食在商品属性基础上,获得金融属性的现象。作为生活用品商品属性而言,粮食交易本身不具备高流动性的特点,也就是可能止步于商业买卖,还上升不到金融投资的层次。

但是,如果将粮食作为一种资本投资物,进行信托、期权、保险等交易时,粮食金融就出现在了金融活动的范畴内。毫无疑问,粮食的金融化有时能够促进粮食的最优化分配,但是有时也会对粮食生产和分配产生阻碍。

因为粮食金融涉及银行、政府、产业界、投资者等多方面的主体,这些主体都有自身的利益诉求,而且有时并不一致。那么,当投资者携带大量资

第八章 问题篇：风趣透析金融学热点

金涌入粮食市场时，粮食市场就可能出现价格变动，从而影响粮食的稳定供应。如果金融资本出现投机炒作、囤积居奇等扰乱或者操纵市场行为，可能对短期市场供需秩序造成干扰；如果金融资本服务于提升粮食生产供给与品质，提升仓储物流运输效率，就可能稳定粮食价格。

对于粮食交易而言，政府机构应该让市场发挥重要作用，让粮食进行金融化运作，以此提高粮食的商业化、金融化水平。

当然，金融手段也可以作为控制和稳定粮价的重要手段。比如，政府通过购买粮食期权，获得投资收益，同时也起到稳定粮食价格的作用。近年来，国际游荡的资本密集地进出粮食交易市场，对不同国家的粮价影响很大，各国都采取相应措施来稳控粮价，确保粮食供给的总体平衡。

粮食金融虽然也遵循基本的供需关系，但是很多时候随着金融资本的操纵，粮食的供需关系会发生剧烈波动，并不能真实地反映粮食的供需情况。比如当金融资本疯狂地抛售某种粮食期货时，就会造成这种粮食期货未来市场预期不佳，因而就造成这种粮食售价不断下压，直至没有利润空间甚至赔钱的情况。此时金融资本就会大量购入这种粮食，使得市场上流通的此类粮食变得更少，进一步催生了较高的售价，并且随着这种粮食在市场上变得稀缺，价格进一步上涨，然后金融资本通过不断地放出库存粮食就可以获得巨额利润。

在这种情况下，很难说粮食的供需关系发生了根本性变化，其实质是由于资本的操纵发生了此类事件。可见，金融资本能够对粮食安全产生很大的影响，这也是世界上大多数国家并不支持主粮进行金融化的原因。因为主粮作为一个国家人民生存的基本物质，必须予以完全的保障，否则就会发生粮食危机，给人民的生存带来困难。

日常应用

粮食安全事关国家安全。宣扬粮食安全更有助于推动把饭碗牢牢地端在自己手中落到实处。对于粮食金融产品,应关注下面三个方面。

1. 关注粮食金融风险

粮食金融的风险性较高,主要是由于资本对粮食的操纵在短期内效果明显,但很难快速扭转忽然到来的金融市场趋势,因而如果面临亏损则变得不可逆,容易带来很多损失。

2. 委托专业人士投资

粮食期货的投资应该委托相关专业人士进行操作,同时做好必要的防范和应对风险的措施,这样能够确保获得收益,同时使风险处于可控范围。

3. 加强机构评测结果运用

对于粮食信托、粮食保险等投资活动,一般应由多家相关专业机构评测后进行综合考量,从信息获取和后续分析、运用上保证投资安全。

金融调控:什么都没有种

幽默故事

成片的土地上长满了各种庄稼,记者来到田间采访一位农民。

他看到农民面前的那片土地上干干净净,什么也没有长出来。

他问农民:"你这块土地是不是打算种棉花?"

农民:"没有,我害怕害虫吃掉棉花种子。"

记者:"那你种了花生?"

农民:"没有,我害怕花生收成不好。"

记者:"那你想种什么?"

农民:"我什么也不打算种,这样就不会遭受损失了。"

趣味点评

农民种地既需要考虑自然条件,比如有无虫害,雨水是否充足等,也要考虑对种植活动的管理。只有农民的种植管理与自然条件适当配合时,才能使种植活动顺利进行,并且获得收益。对于金融活动而言,政府行为和市场环境的运行彼此也需要互相支持,处理好政府与市场关系,有助于发挥市场资源配置的作用,同时减少市场失灵等问题。

金融管控的作用是减少市场运作过程中可能面临的风险。只有市场环境和个人主动地相互支持、相互配合,即市场运行和政府管控相辅相成、协调配合,金融市场才能持续健康发展,其中反映的原理即金融管控。

金融学解读

长期以来,人们对政府与市场在经济活动中的作用认识并不一致。有人认为,应该由市场来主导经济发展,市场被人们称为"看不见的手"。有人认为,应该由政府来主导经济发展,政府被人们称为"看得见的手"。

就金融市场而言,很多时候会出现"市场失灵"或者"政府失灵"。如果单独由市场或者政府来发挥作用,经济发展就像仅有一支船桨的船,前进过程中不可能平稳高效,甚至会在原地打转或者翻船。

实际上,"看不见的手"和"看得见的手"都应该在经济发展中发挥作用,也就是政府和市场要在经济发展中加强配合,给市场运行带来经济发展的开放性、灵活性，使政府管控促进经济发展的规范性、法治性。

而金融调控是政府经济调控的组成部分，其主要目的就是保证金融系统能够稳健地运行，以实现物价稳定、国际收支平衡，促进经济发展和就业。

如果把西天取经比作金融发展，把孙悟空自作主张打杀妖怪比作市场运行，把唐僧的管理比作政府调控，那么在孙悟空的行为存在"道德败坏"等风险时，即市场运行存在风险隐患时，作为权威代表的唐僧，即政府，就需要管控孙悟空的行为。

金融调控就是对金融运行的状态和金融的结构关系进行干预和调整。所谓金融运行的状态，就是金融活动所体现出来的金融发展路径是否与国家经济总体目标相一致。比如，如果金融市场信贷规模太大，对于国家经济的持续健康发展可能会产生不利的影响，此时国家就需要收缩信贷规模。

所谓金融结构关系，就是金融活动在不同领域、不同市场等方面的比例分配和节奏。比如，一段时间内为追求高利润而持续投资产能较多行业的企业，会造成该行业产能过剩，带来库存的压力，降低经济运行效益，此时就需要将金融投资向那些创新型、环保型等行业引导。

具体而言，金融调控有下面几种方式。

一是内需和外需的调控。在对外贸易中，大量的顺差和逆差都不利于维护本国经济市场的健康发展，反而可能会破坏经济的均衡发展和资源的配置。比如逆差会消耗外汇储备，在消费和内需不足时，可能导致国外投资减少，造成经济的整体下降。

国家为了保证国际收支平衡，需要在扩大外需，即出口和投资的同时，着力拉动内需。只有国内市场和国外市场的需求相互协调，才能助力国家收支平衡。

二是货币供应量和货币利率调整。货币供应量和货币利率对于货币的稳定性和国家经济全局都有非常大的影响。比如，中央银行可以通过减少货币发行压缩社会上流通的货币量，从而控制信贷的过快增长。再如，提高货币贷款利率，企业的信贷成本就提高了，企业盈利的空间受到压缩，就会减少盲目地上项目、做开发。

三是增加金融资本。债券市场的发展对国家经济运行特别是实体经济而言具有重要作用。进一步提高金融资金使用效率，发展稳健的债券市场，将有利于实体经济的发展。

日常应用

金融调控是金融活动中必不可少的操作，在金融领域的作用不容置疑。特别是金融调控可以有效管控金融活动风险。

1. 确定投资方向

根据国家金融调控政策，有针对性地谋划相关投资活动，力争做站在风口上的投资者，获取较高的投资效益。比如，国家引导进行生态环境领域的产业发展，那么就可以投资生态环保设备企业、生态环境评测和改善等相关公司的股票，从而乘着政策的东风，获得更高的利润。

2. 避免投资风险

对于国家金融调控中禁止或者不提倡的行业领域或者相关产品、生产方式、生产标准等一系列产业要素，投资时都应该仔细甄别，避免投资这些产业内容的金融产品。

3. 进行国际金融投资

随着国家金融市场的发展，国际金融产品也会越来越多地进入中国市场，根据金融调控方向进行国际金融投资，比如进行黄金期货的投资，也可能获得较好的收益。

金融监管：在舞台上起舞

😀 幽默故事

剧院老板和钢管舞者正在为是否在表演台上放置防护垫而争吵。

钢管舞者："我跳舞的时候完全不需要保护措施，因为我是公认的钢管舞大师。"

剧院老板："我会在钢管舞表演台上放置防护垫，这是必需的。"

钢管舞者："你不相信我吗？如果这样的话，我们就中断合作。"

剧院老板："钢管曾对我说：'我是世界上最安全的钢管，每个使用我的钢管舞者都会因为我而成为大师。'那你觉得我该相信钢管吗？再说文化监管部门也不会允许这样做。"

🎤 趣味点评

剧院老板和钢管舞者因为是否放置防护垫而争吵，实际上就是市场业务员与管理者之间的对抗。如果把剧院老板比作金融机构，把钢管舞者比作金融产品，那么钢管舞者需要受到剧院老板的管理，同时需要文化主管部门的监管，这样才能保证剧院也就是整个金融市场的安全。毫无疑问，剧院老板不能同意钢管舞者说的话，而钢管舞者应该听从剧院老板的建议和要求放置防护垫。

第八章 问题篇：风趣透析金融学热点

钢管舞者为了自身利益或者其他目的，会要求剧院老板放松对其管理，但是剧院老板不能听之任之，而是应该综合考虑，既要有利于剧院发展、观众体验，又要顾及钢管舞者自身的安全，从而做出理性的决定，以此保证表演的安全与顺利。对于金融活动而言，金融市场的所有参与者都需要在金融监管机构的支持和帮助下运行金融活动，这样才能防止底层性、系统性的危机产生，这个过程称为金融监管。

金融学解读

金融活动具有高风险、高回报的特点。很多人趋之若鹜地进入金融领域，就是想在金融市场上淘金，当然这与人们逐利的本性息息相关。

人们有时会做一个赌徒，以为这样就能轻松实现暴富，用少量的筹码换来巨大的收益，从而实现经济状况的飞跃式提升。

金融从业者可能通过不断获得投资收益来刺激自身处于亢奋状态，向人们展示更高的投资回报信心。但是当进入狂热状态时，进行激进甚至盲目的投资，就会为投资失利埋下种子。

问题在于，投资一旦失利，投资者就会遭受极大的损失，甚至面临破产。更严重的问题是社会问题，因为投资行为可能是老人用养老金进行投资，家庭关系不融洽的夫妻一方在投资，用给孩子准备留学的钱进行投资等。这些问题一旦爆发出来，就会造成一定的不良社会效应。

而且，如果人人陷入狂热金融活动中，金融秩序就会发生扭曲，社会心理就会发生畸形，社会文化就会出现不良风气，整个社会的正能量就会欠缺，产生人心浮躁、人们不能脚踏实地奋斗的问题，这就会给社会发展和繁荣带来不利影响。

在经济、社会、文化等因素复合影响下，每个国家都会对金融活动、金融市场、金融机构等进行监管，以此预防和化解金融风险，稳定金融运行秩序，保证社会对金融活动的正常态度和相对理性的行为。

当然，由于金融活动受到诸多因素的影响，不同因素都可能产生一些金融风险，因而金融监管的领域和方式也非常广泛。

从金融监管领域来说，外汇、房地产等行业领域，以及石油、粮食等大宗商品的金融交易都需要根据各个金融市场的规范进行相应的监管，以此覆盖丰富的金融活动范围，避免产生漏洞造成金融问题。

从金融监管的方式来看，法律、经济、行政等方式都会运用到金融监管活动中，以此适应不同的监管领域和活动，保证监管的实效性和高效率。

日常应用

金融监管是金融安全的护城河。要注重依托提升金融监管效能来保证金融安全。

1. 学习监管知识

开展金融投资，一定要多学习金融监管相关的政策法规，明白其中的关键点和重点内容，做一个懂行的投资者，为各类投资活动保驾护航。

2. 减少投资损失

由于金融产品均有投资风险，金融机构在运营过程中都会增强风险管控能力和意识，这为投资者的投资行为提供了帮助，有助于保障投资者的投资权益，减少投资损失。对于已经出现风险苗头的金融产品、金融机构或者金融从业人员，投资者可以向监管机构进行举报，并且提供相关证据，由监管机构对相关人员、机构和产品进行审核和处理，尽量降低或减少可能出现的金融风险。

3.追讨投资资本

对于已经发生金融问题的金融机构、金融产品或者金融从业人员，投资者要寻求金融监管机构的帮助，运用法律方式，采取冻结金融资产、破产清算、资产变卖等方式，收回部分或全部金融资本，以此降低投资损失。

第九章

趋势篇：教你动态把握金融的未来

微观金融学：现在别担心

😊 幽默故事

婚庆店员工对老板说："最近我们的生意不错，婚礼服务价格越来越高了。"

老板："没错，我们应该开心，哈哈哈……"

员工："那是你家里没有要结婚的孩子。"

老板："现在别担心，老伙计，等你家孩子结婚的时候，你不也赚了很多奖金了吗？"

员工："没错，可是你会让我的奖金增长速度快过服务涨价速度吗？"

🎙 趣味点评

婚庆店老板因为生意好而开心，员工由于自家孩子面临结婚，所以看到婚礼服务价格上涨内心很纠结。但是，粗心的老板没有意识到这一点，他反而劝员工现在不用太担心，未来婚礼服务价格会更高，言下之意是价格高，奖金也会变高，所以现在担心没用。

微观金融学，就是研究不同情形下，不同金融参与者反应的一门科学。可以说，微观金融学要重点分析的问题，正是如何让不同的金融参与者都能在适当的环境下获得一些收益。

第九章 趋势篇：教你动态把握金融的未来

金融学解读

微观金融学是金融学的两个分支之一，是仿照微观经济学建立起来的一门理论。微观金融学的主要研究内容，是在不确定性条件下，通过资本市场来优化配置资本，包括金融市场、金融机构和个人投资等内容。

微观金融学主要研究金融资产的投资问题，具体包括如何给金融资金定价、如何进行理财等问题。这些问题实际上更贴近于金融活动的实际操作，这也是微观金融学与宏观金融学之间的主要区别。

微观金融学强调关注金融市场每个参与者的金融行为，特别是金融活动决策的情况。对于不同的金融决策者，特别是小微企业决策者而言，金融活动的规律及金融分析模式的作用如何，是微观金融学所要探讨的问题，也是需要解决的重要课题。

当然，微观金融学考虑的并不是金融活动的每个参与者，而是金融参与的每个角色。实际上，市场整体的投资收益和亏损是可以单独计算的，分别代表市场的不同侧面，而对于个人投资而言，可能收益和亏损抵消后得到的数值才是真正获益的部分。

日常应用

微观金融学探讨的是金融市场中不同角色的活动，以及对这些活动结果进行的分析。简言之，就是在复杂条件下，如何更好地进行具体的金融活动。

1. 要更加关注市场整体的运行方式

对于金融市场而言，经济形势好的时候，可能每个参与者都能获益，但是经济形势不好的时候，可能大部分参与者都在亏损。这就给我们认识金融活动带来一种思路，要更加关注整体市场的动向，这样就能更清晰地把握金融活动的方向。

2. 正确看待亏损

要对金融活动有一个整体规划和思考，尽可能地减少亏损，多获取盈利。但是在亏钱的时候要保持平常心，面对亏损也能正视问题，注重吸取教训，以便更好地开展后续的金融活动。

宏观金融学：云建模

😀 幽默故事

科学家和朋友聊天。

朋友问科学家："您研究的主要课题是什么？"

科学家："当然是云建模。"

朋友："能具体说一说吗？"

科学家："具体就是，假设我们处于一个多维空间内，应该如何确定我们的位置呢？那么就需要选定一个参考系，然后根据一些公式和模型来计算，这样才能确定我们与参考系之间的位置关系。"

朋友："听你一席话，如坠云雾，怪不得您是研究云建模的。"

🎤 趣味点评

科学家与朋友聊天时，说了很多专业术语，这让朋友理解起来十分困难，所以感到如在云端。实际上，研究任何问题，都要紧贴事物的具体情况，即

第九章　趋势篇：教你动态把握金融的未来

使研究宏观趋势也一样。

对于金融活动而言，绝不能陷入细节中，因为这些细节或者短时间的情形偶然性很大。我们必须放大自己的观察范围，以更加宏大的视野来分析和预测未来金融活动的规律，为实现充分就业、经济增长、物价稳定等目标提供政策建议。实际上，这就是宏观金融学要解决的问题。宏观金融学研究的主要内容是：在货币交易的条件下，如何实现金融活动的健康科学发展。

金融学解读

宏观金融学是金融学的两个分支之一，是仿照宏观经济学建立起来的一门理论，主要探讨的是宏观视角下的金融活动和金融现象，包括货币、国际金融等内容。

宏观金融学主要研究货币需求与供给的平衡问题，具体包括如何理解金融调控政策、通货膨胀和通货紧缩的应对、汇率的调控等。这些问题虽然不直接涉及具体的金融交易操作，但是与金融收益息息相关。

我们先以汇率为例说明其对金融的影响。当然，汇率对金融的影响是多方面的，比如影响国际资本流动、进出口、物价等。汇率对于一个国家金融稳定的重要性不言而喻。

很多开展国际贸易的商家都紧盯汇率，因为汇率对利润的影响非常大。我们从上面的例子可以看到，一件商品的利润由于汇率变化就可能翻倍，成千上万的商品交易带来的收益差异也是巨大的。

宏观金融学研究的这些问题事关全局，对金融活动影响深远。然而，宏观研究基本会落实到对金融政策的分析上来，比如金融政策是否独立，货币政策是紧缩还是宽松等。

我们以货币政策紧缩为例。当货币政策紧缩时，意味着要降低货币的流动性，让货币回流到银行，金融市场和社会上的资金都相应减少，其主要操作工具就是提高存款利率，让人们更喜欢储蓄，而不是冒险投资。这样资金就从社会流向了银行，实现了社会资金减少的效果。

当然，宏观金融调控涉及内容很多，往往牵一发而动全身，每个国家都会很审慎地对待宏观金融政策的调整和搭配使用。作为金融活动的一般参与者，需要及时了解有关的宏观金融政策，这样才能更敏锐地做出具体的金融活动决策，以获取较为理想的收益，避免遭遇较大的金融风险，杜绝发生较大的投资亏损。

日常应用

宏观金融学研究的范围更广、尺度更大，但是也与金融市场内的每个人有关。那么，宏观金融学有哪些日常应用呢？

1. 掌握并从整体角度讨论金融系统运行规律

比如，讨论货币政策与金融宏观调控、金融体系与金融制度、通货膨胀与通货紧缩、金融危机等问题，从宏观上理解和把握金融运行的规律，更好地服务于自身的金融活动。

2. 掌握宏观分析金融活动的技能

金融活动的宏观趋势对于金融投资是非常关键的因素，因为金融市场的整体运行态势将影响金融投资的效率。因此要加强对金融活动中长期趋势的研究，更深入地把握金融市场运行的规律，以便更精准高效地进行金融活动。

第九章　趋势篇：教你动态把握金融的未来

自由化金融：抓住机会

😊 幽默故事

小男孩看到马路上有个一元钱硬币。

于是他闯红灯冲到马路上去捡那枚硬币，爸爸费尽力气才把小男孩拉住。

爸爸很生气地训斥小男孩："你不要命啦！你知道闯红灯有多危险吗？"

小男孩："可是，爸爸，我想快一点儿，否则我会失去获得一元钱的机会。"

🎤 趣味点评

小男孩看到红灯而不愿意等待，为了获取他喜欢的硬币而要违反交通规则，显然危险性很高，所以他的行为被爸爸阻止了。

有的人虽然看到了风险，但是存在一些侥幸心理，认为自己不会面临风险，不会遭受损失。等风险降临，他切切实实遭受了损失，才悔之晚矣。很多人害怕被限制，总以为自己的决策权是应该优先的。可是对于金融活动的规则，却不能加以重视，不撞南墙不回头，结果往往面临投资损失的悲剧。

然而，对于金融市场而言，不仅需要政府行政行为的约束，更应该发挥市场运行的作用。这就是金融自由化原理反映的内容，即为了解决金融促进经济发展的问题，削弱政府的行政干预，充分发挥市场的调节作用，从而推动整个经济的发展。简言之，金融自由化，即让金融市场自由运行的金融活动方式。

金融学解读

对于市场投资者而言，逐利是本能。上述故事中的小男孩因看到一元钱而痴迷，没有考虑安全等其他因素，而是把逐利看作首要目的。

实际上，金融自由化是金融领域很有争议的一个话题。也就是常说的在金融发展方面，市场和政府到底应该怎样发挥作用？是市场主导，还是政府主导，抑或是市场和政府共同发挥作用？

金融自由化的核心是利率市场化。在金融活动发展过程中，很多国家围绕利率的市场化走了很多弯路。有的积极推进利率市场化，有的坚决管控利率的市场化，这两种措施都存在一些隐患和问题。实际上，金融自由化，一定要循序渐进地推进，绝不能采取太多的激进措施来实现。

毫无疑问，金融自由化能够给金融市场的操作者以无限的操作可能性，比如没有操作时间限制，全天候 24 小时进行交易。实际上，对于夜间交易的人们来说，往往会有压力，比如一些年老或者身体状况不佳的人可能无法完成夜间交易，但是如果别人可以，而且这些交易对他们的收益又有很大的影响，那么这是不公平的。

同样，如果金融投资不进行风险控制，任由市场来推动金融发展，那么很多人可能会一夜之间赔得一无所有。即使在政府监管的情况下，一些金融投资者都能踩雷，遭受重大损失，更何况没有政府监管的情形。

那么，金融自由化有哪些好处值得被一些专家和投资者推崇呢？实际上，金融自由化设定了一个前提——所有金融活动都自负盈亏，这就倒逼金融市场的参与者在把握机遇的同时直面压力，做到对自己的行为负责，最大限度地降低风险，提高收益。

换句话说，金融自由化让每位金融市场参与者的竞争白热化，如果不能做好投资，就会遭受损失。相应地，如果能很好地投资，就会享受收益。这无疑提高了金融市场的运行效率，增进了金融市场的公开性，让市场的投资信息更容易被传播和流通，有利于金融资源的配置和流动。

金融自由化还有一层含义，就是破除不同行业领域的壁垒，让金融活动能以更加灵活的方式运行，让更多的金融机构创造出财富。同时，金融机构可以更加方便地选择产品组合，以应对高风险，提高金融投资的安全性。

另外，金融自由化将促进国际金融一体化，加快国际金融资本的流通效率，让国际资本配置更加高效，这就使得不同国家的金融市场流动性越来越高。

问题在于，金融自由化也会显著地带来一些弊端：比如金融过度自由化，带来金融市场的乱象，会降低金融市场的效率，特别是风险难以有效管控，就会带来更多一夜暴富、一夜赔光等极端现象，不利于金融和社会稳定。

很多时候，金融市场的稳定性与金融产品的创新息息相关。2008 年美国次贷危机引发的金融危机波及全球，其实质就是金融创新缺乏有效监管，让次贷危机不断叠加，造成了难以承受的风险。

繁复的金融投资工具和产品，让每一位投资者都感到难以厘清全部面目，这就造成投资者更加依赖银行等金融机构，不利于投资者稳健地进行投资。特别是在银行等机构的竞争压力下，其他金融机构会更加注重追逐利润而忽视风险，诈骗、倒闭等现象将难以避免，投资者的损失将难以挽回。

日常应用

金融自由化，说白了是对市场运行的无限信任，但市场运行还需要理性因素，这样才能更好地释放市场活力，同时确保市场安全。

1. 要警惕自由化投资

对于很多投资者而言，投资经理人的"花言巧语"往往会迷惑人，让投资者心甘情愿地掏钱投资。可是投资经理人有时需要的是投资额，而对于真正获取利润的关注度并不完全理性，特别是在狂热的投资潮中，投资经理人很容易犯错误，而吃亏接盘的却是广大的散户投资者。

2. 在金融创新中获利

很多时候，那些追求自由的人，会为其他人带来很多福利。金融领域也一样，追求金融自由的人，有时候会有一些创新的金融产品和工具，能够为早进入市场的人带来红利。

大数据金融：缺游客

幽默故事

某旅游景点的饭店里。一位游客用餐后，服务员过来结账。

服务员："先生，这是您的账单，您一共消费350元。"

游客看着账单说："您是不是弄错了，为什么一碗鸡蛋汤要50元？这里鸡蛋很缺乏吗？"

服务员："不！这里不缺鸡蛋，真正缺的是游客。"

第九章　趋势篇：教你动态把握金融的未来

🎙 趣味点评

数据对于任何行业来说，都至关重要。上述故事中，游客不清楚饭菜的价格情况，所以到真正消费的时候才感到惊讶。因此必须提前掌握数据信息，才能使其发挥最大的作用。

这在金融活动中表现得非常明显。实际上，金融活动的产生有很大程度就是利用信息差。在没有人掌握有利信息的情况下，如果你掌握并利用了有利信息，就可以获得信息差带来的收益。反之，如果别人有效利用了信息，那么他就可能获益。

📊 金融学解读

大数据金融是近年来兴起的一种侧重于金融信息分析和决策的金融理论。这个理论主要是对金融活动的大量数据信息进行收集、汇总、分析和应用等操作，通过大量样本来提高金融分析和决策的实效。

当然，大数据金融最先要考虑的是金融的大数据。信息技术高速发展以来，特别是大数据应用如火如荼发展起来以后，金融活动的大数据也逐步被人们重视起来，并不断地进行开发，实现了广泛的应用。

金融活动的大数据包括用户数据，比如交易账户数、交易额度等；也包括征信数据，比如违约率；还包括行为数据，比如交易频率。这些数据每一个单项的数据分析都可以反映金融活动的一个侧面，而进行多样化组合后的大数据，又能综合性地反映金融活动的规律或特征，给人们开展金融活动提供参考和借鉴。

金融活动的大数据具有以下两个特征，这是其他类型的大数据所不具备的。

其一，金融活动的大数据是描述金融活动和金融对象等金融领域信息的数据，与医疗、农业等行业数据区别很大。比如，一个时间段金融产品的投资额和投资数量，这个数据体现的是金融运行情况。如果投资额和投资量很高，那么说明社会经济水平发展很好，社会财富增加，因而促进了金融投资活动。

其二，金融活动的大数据事关金融活动的安全，因此与金融市场的每个角色都有关。这就带来了一个问题：谁掌握金融活动的大数据，谁就能更好地做出金融投资决策；谁掌握的金融活动大数据更精准权威，谁就可以更好地获得收益，规避风险。

从这两个特征来看，金融活动的大数据对于金融市场非常关键，这也是每个金融机构都积极发展大数据金融的缘由。毫无疑问，它可以带来丰厚的回报。

有了金融活动大数据，那么应该如何运用呢？实际上，随着大数据的应用越来越广泛，一家金融机构对大数据的运用能力，正成为一种核心竞争力。一家具有成熟的大数据挖掘分析能力的金融机构，比不具备大数据挖掘分析能力的金融机构，有更多的信息来源、更精准的信息分析能力，也更易提供可靠的收益获取和风险应对策略服务。

随着金融数据越来越多，数据复杂性越来越高，金融领域已逐步成为以数据应用为驱动的领域，这给金融活动和金融市场带来了颠覆性的应用。比如大数据技术推动金融服务的创新，更好地融合线上和线下的优势，开发出更易操作、更高信用、更高效率的金融产品。

由于大数据金融是通过大数据和云计算等技术来进行操作，一是收集用户在交易平台上的信息，包括资金走向、交易信息等，给金融决策带来很多以前没有关注或获取到的信息；二是通过预设相关程序，能够减少甚至避免人工操作失误，降低金融分析和决策成本，而效率却得以提高；三是，设定相应的风险指标，比如投诉率等，有利于数据使用者甄别可信的投资对象，从而控制风险带来的影响。

日常应用

大数据金融是围绕数据信息进行金融活动的金融方式。大数据金融适用于信息时代，对金融数据信息进行挖掘、分析、开发，具有广阔的应用前景。

1. 加强对数据信息的挖掘和运用

金融投资越来越需要信息先行。如果你掌握的数据信息不能领先其他人，此时进行金融投资，大概率会不尽如人意。所以，在金融活动中要尽可能获取有效信息，这样才能准确地做出投资决策，获得利润。

2. 借助专业大数据平台或企业的力量

金融投资要注重信息的获取和信息的分析，这些项目都有很高的准入门槛。如果数据获取样本量小，不具有代表性，而分析出来的结果与现实差别很大，趋势把握不准，那么这样的大数据对于金融投资来说就是无效的，所以必须借助专业的力量或平台来获取数据优势。

金融工程学：给鸭子喂肉

☺ 幽默故事

一位硬件工程师设计了一款产品，外观看起来非常酷炫。

他对软件工程师说："你看这个设计怎么样？"

软件工程师看后说:"不太合理,效率太低了。"

过了一段时间,硬件工程师又拿着升级的酷炫产品给软件工程师看。

软件工程师说:"我们需要的是功能,你提供的是外形,这就像给一只鸭子喂了一块肉,它看着就很难受。"

趣味点评

随着现代各项科学技术,特别是信息化技术运用到金融市场和金融活动的描述、分析、预测、决策等过程中,金融学越来越科学和理性。然而,过度的模型化、工程化、数字化也会给金融活动的理解和分析带来困难,尤其是对那些专业理论不太熟悉、数学基础知识相对薄弱的人来说,他们不得不依赖专业人士来做出决策。然而,过度的数字化、模型化带来的一个问题就是,分析结论与决策可能与现实情况出现明显的脱节。

正如在上述故事中,硬件工程师与软件工程师的设计目标存在很大的差别。软件工程师想要实现的功能受限于硬件而难以完成;硬件工程师设计的产品虽然看起来很好看,但是实用性并不强。这就告诉我们理论模型应该更好地服务于实际用途。也就是说,在金融活动中,对科学技术的工程应用,应该注重实效。

金融学解读

一门学科只有工程化才能创造出更多的社会和经济效益。实际上,金融工程学就是将工程化的科学技术运用到金融分析和决策中,解决金融产品开发、融资方案、开发套利交易工具等,让金融活动更加趋向于客观上的理性。

很多情况下投资者都具有主观的理性思维,比如在初步入市时告诫自己要谨慎投资,但是当收益很好的时候往往为了获取更多收益而大幅追加投资,

第九章　趋势篇：教你动态把握金融的未来

而在遭受损失时又急切地盲目投资其他金融产品以期弥补损失，这就会陷入非理性的情况。

毫无疑问，金融活动的理性操作应贯穿金融活动的全过程。金融理性不仅需要主观理性，而且要保持客观理性。那么要做到客观理性，应该通过怎样的方式来实现呢？答案就是金融分析和决策的科技化、工程化。

金融工程化经历了一个漫长的发展过程，并随着先进科学技术思想和工具的运用，逐步发展成为较为成熟的应用学科。一开始，金融活动仅限于描述趋势，比如上涨、下跌或者平稳。后来开始进行定性分析，也就是为什么会出现上涨、下跌和平稳的情况。然后就出现了数理、统计等工具进入金融活动的阶段，开始进行系统性、模式化的分析和预测。

当前，金融工程作为一种解决金融问题的系统方法，主要有以下步骤：分析金融问题的实质和来源，根据政策制度或技术方法找到最佳解决方案，运用新的金融工具，确定成本和收益，根据特定需求修正并优化工具。

美国信孚银行曾实施金融工程。方案是员工购买股票，在未来不超过5年的时间里享有可观的最低收益保证和一定的股票超额收益，条件是这段时间内不能卖出股票。该方案是在美国信孚银行存在业绩下滑风险时，实施的一项公司激励策略，目的是更好地筹集资金，并提高员工的积极性。

为了保证5年后员工持有的股票价格高于买入价格，美国信孚银行创造了一种金融工具——合成股票，即合成股票的价格是公司股票价格与一个固定数额的乘积。经过实施合成股票的操作，美国信孚银行实现了金融工程化操作，降低了银行运作过程中的风险。

当前，金融工程学的发展已经进入快速变革的时代，不同的分析模式和决策工具越来越丰富，准确率和覆盖率也越来越高。当前至少有两方面的因素在推动金融工程学加速发展。

一是数理方法，比如大数据、人工智能等技术发展，为金融工程学的发展提供了有力支撑，使得金融数学、金融工程等领域发展迅速，不断取得各类金融工具和金融产品的成果。

二是金融活动和金融工具更加多样，随之而来的金融风险和危机也在增多，如何规避风险、减少损失，成为搞好金融活动的重要任务。可见，我们需要从客观理性的角度出发，运用科学的模型工具来分析预测和决策。

日常应用

金融工程化是对金融活动进行模型化、工程化分析的活动。金融工程学不仅可以运用于政府和金融机构的金融决策中，而且也能运用到个人投资和消费中。日常生活中，我们应该注重理性的工程化思维的运用，以更加精准地参与金融活动，获得更丰厚的收益。

1. 对金融活动进行工程化分析

金融活动和金融市场的很多情况都可以借助金融工程学的原理和工具来进行分析，这些模型和方法对于更加理性地认识金融的一般规律很有益处。这也是金融工程学快速发展的内在动力。

2. 对金融活动进行专业化认知

在运用专业的金融模型分析金融活动时，既要借助专业人士的分析，结合自身对问题的理解做出判断和分析，也要根据金融活动的一般规律和实际经验来综合决策。

第九章　趋势篇：教你动态把握金融的未来

法律金融学：好好想想

😊 幽默故事

法官问一位抢劫犯："为什么受害者感到快窒息了你还不放过他？"

抢劫犯："我不想让他大喊大叫。"

法官："你知道你错在哪里吗？"

抢劫犯："这得让我好好想一想。"

法官："这好办，给你8年时间够不够？"

🎙 趣味点评

　　抢劫犯明明犯错了，但是不想承认错误，法官绝不允许他这样做。当法官问抢劫犯错在哪里时，抢劫犯说要好好想想。于是法官提出，可以给他更宽裕的时间，也就是8年的时间去想。从这个故事中，我们看到法律和生活是紧密联系的，法律对于我们日常活动的规范是持续而且全面的。

　　对于金融活动而言，法律贯穿金融操作的所有环节和所有要素，开展任何金融活动都要考虑法律因素。金融与法律的关系，以及法律对金融活动的影响，即在金融关系中的法律调整问题，构成了法律金融学的主要内容。

金融学解读

法律金融学，也就是金融的法治化，即根据法律在金融活动中的功能和作用，做出相应的金融活动的模式。这与金融法的概念不同，金融法是调整金融关系的法律总称。法律金融学体现的是法律与金融活动的关系，由法律对金融单向的影响为主线，最终体现为金融的法治化。

那么，金融的法治化，为何十分重要呢？这要从金融的利益性说起。金融是直接或者间接进行金融资产交易的活动，因此其代表的利益相关性与其他活动有本质区别。这也是为何金融监管比其他任何领域都重要的缘由。

当金融活动兴起时，人们为了交易公平而订立的各种规则可以看作法律金融的雏形。随着金融活动越来越复杂，涉及的资本要素越来越多，简单的规则已无法保证交易的公平进行，于是法律金融应运而生。法律金融对金融活动进行了必要的规范，保障金融活动沿着公平、高效的轨迹发展。

法律金融学的研究起源于美国4位学者的研究发现，现金流的获得是与证券上附着的权利相关联的。也就是说证券上的权利内容能否被有效落实，影响了证券的实际价格。金融法规的实施效果影响了证券价格，而证券价格决定了证券能够带来的现金流。

金融发展实际上伴随着金融法治化的过程。当然，法律金融学理论的主要内容，是关于法律对金融运行和金融主体的影响。金融运行的全部过程，比如资本的产生、发展、转移、变化等过程，都应该在法律的调控范围内；而金融市场的主体，包括任何机构和个人，都应该受到法律权利和义务的规范。

关于法律金融的现实意义，我们上面有所讨论，这里举两个例子来说明。比如一个未成年人参与了金融投资，那么根据法律，他的投资行为就需要监护人的确认，这种程序性和实体性的法律约定，是对金融市场活动的约束，以保障未成年人的金融权益。

第九章　趋势篇：教你动态把握金融的未来

再如，一家公司由于经营不善面临倒闭。如果是有限责任公司，那么老板个人的财产就可以保全；如果不是有限责任公司，那么根据连带责任的法律规定，老板就需要拿出个人财产来还债。这都是法律明确约定的条款，对于我们运用法律知识去从事金融活动很重要。

实际上，司法效率与金融发展也有很大的关系。当司法效率提高时，金融市场的发展也会加速，这是因为金融市场效率的提升促进了资本的流通，带来了金融市场的繁荣。反之，如果司法效率很低，金融纠纷难以快速解决，金融市场为避免发生纠纷，免于承担较高的诉讼成本，就会很谨慎地进行金融活动，这就抑制了金融市场的流动性。

日常应用

从法律金融理论中可知，法律对于金融活动而言至关重要，对于金融投资者规避金融风险，强化履行权利和义务的意识，做出合法合规的言行，非常实用。

1. 加强法律金融的学习和掌握

法律金融对于从事金融活动的人和机构来说，可以说牵一发而动全身。对于金融市场参与者而言，法律金融是进行金融活动的先决条件和重要保障，必须花大力气来熟悉掌握。

2. 加强与专业金融律师的沟通和合作

金融活动的风险无处不在，因此加强法律咨询和求助，可以事半功倍地提高金融活动的效益。金融活动参与者应该加强与专业金融律师的合作和沟通。

3. 更加看重金融产品的合法性因素

很多金融产品打着金融创新的旗号，游走在法律监管的边缘，这些投资项目具有一定的法律风险。所以进行这些项目投资时,要根据法律来进行预判分析,做出有利于获利的决策。

普惠金融学:记住更多人

幽默故事

在毕业典礼上,校长为每个班主任都发了奖金。

教导主任问:"有必要给每个班主任都发奖金吗?给那些成绩突出的班主任发就可以啦!"

校长:"有必要,我们的目的是让更多人被记住,而不仅是第一名。难道你以为会没有人赞扬第一名?"

趣味点评

第一名总是会被记住,那些赚钱的明星金融产品也总是会被记住,然后吸引大量的资金投入。很多时候,大量资金投入优质的金融产品会带来巨大的收益,但是并不能让投资的大众都获益。

为了让更多的人都获益,就需要更广泛地进行金融活动,然后让更多的人获得公平的获得收益的机会。实际上,金融活动由于具有资金的迭代增值效应,因而拥有金融资本的人会越来越富,而那些没有多少金融资本的人则可能会一直贫穷。所以,要实行普惠的金融活动,让人们广泛地获取金融收益。普惠金融顾名思义,就是指让金融能够惠及更多的人。

第九章　趋势篇：教你动态把握金融的未来

金融学解读

普惠金融考虑的是金融公平，而不是商业逐利，因而具有一定的社会意义，所以普惠金融不完全是市场主导的。

实际上，普惠金融最先是由联合国于2003年12月提出的，旨在让更多的人参与金融活动，享受金融收益。当然，由于全球经济发展不均衡，各地普惠金融的发展程度不可避免地存在很大的差异。

一般来说，发达国家的普惠金融发展程度更高，而发展中国家的普惠金融程度较低。这主要体现在金融机构的开户率这一指标。金融机构的开户数量越多，个人的金融活动越频繁，市场活跃的金融资本也就可能越多。相反，如果一个人没有在任何金融机构开设账户，那么他参与金融活动就很少，相应地他的金融资产可能也不多。

随着普惠金融的发展越来越快，普惠金融的内容也越来越明确。如今，普惠金融的内容主要是以有效的方式让金融服务覆盖到每一个人，特别是那些没有金融资产很难享受到金融服务的群体。

当一个人享受金融服务时，比如他想贷一笔款，那么他要么具有良好的信用，要么具有等价抵押物。可是，如果他一无所有，是否将无法获得贷款呢？答案可能是否定的，比如可以采取寻找担保人等方法向银行贷款。

可是，总有一些情况是没有金融机构贷款给你，而你想通过某个渠道获得这笔贷款。普惠金融解决的就是这个问题。当一些人或者企业，比如中小企业等需要金融服务时，如何让它们快速地获得可行的金融服务，这是摆在金融领域的现实课题。

那么，普惠金融是否由政府来主导呢？我们来看一个推导：如果政府负责普惠金融，普惠金融将最大限度地服务所有人，带来的问题可能是效率和利润的下降，甚至产生亏损。随着入不敷出，普惠金融不得不终止。但是，这不是普惠金融应该有的结局。

也就是说，普惠金融不应该完全由政府主导，也要依赖市场的良好运行，这样才能更好地持续发展。普惠金融是为了增加金融的流动性，也就是让那些没有条件享受金融服务或者进行金融活动的人或机构获得这种机会，这样就能带来金融的繁荣发展。

银行业发展普惠金融，具有显而易见的好处。比如，能够让普通人受益，获得金融收益；可能带来巨大的发展机遇，出现较好的投资机会；有利于维系与客户之间的关系，为后续的金融投资打下良好基础。

普惠金融的制约条件是显而易见的。首先，普惠金融的资金来源有限，甚至是资金不足，难以惠及更多的人和机构。其次，按照金融市场运行规律，小额交易或者短期交易，其交易费率一般较高，也就是服务对象要支付很多利息。另外，金融机构和金融服务对象之间的信任难以保证，坏账率可能会升高等。

当然，普惠金融并不意味着低效率和低收益，尤其是在金融市场不断发展成熟，利率市场化和市场激烈竞争的情况下。那么，普惠金融如何发展才能更好地服务金融参与者，或者说，个人或者机构如何从普惠金融中受益呢？概括起来，主要有下面三种情况。

一是金融产品的创新。比如，一些银行专门开发了针对中小微企业的贷款产品，这些产品会惠及很多中小微企业，能让这些企业更加便利地获得贷款服务支持，从而助力于扩大生产、技术创新和产品研发等环节，促进企业发展和创新。

二是金融技术的运用。金融技术的发展日新月异，需要金融活动参与者能够熟练掌握和运用这些先进技术。比如，很多人对人脸识别技术有抵触情绪，不愿接触或者运用，实际上这种技术对于提高金融信用识别率很便利。

三是适度的政府监管。政府监管能管控普惠金融运行中的风险，比如金

第九章　趋势篇：教你动态把握金融的未来

融参与者对某种金融普惠产品的信息把握是否具有公平性等。凭借适当的干预，可以让普惠金融的服务更加稳健和高效，这是非常必要的。

日常应用

对于金融活动参与者而言，从普惠金融的实现过程中能够获得很多启示。

1. 加强金融知识的学习

金融活动的参与是一个不断迭代加深的过程，越是多参与，金融知识的积累就越多，也就会带来更多的金融投资解决方法。特别是要加强一些基础性金融知识的学习、理解和运用，只有这样，才能更好地认识金融过程，理解金融政策，参与金融活动。

2. 提升金融活动能力

不论是个人，还是企业等机构，金融活动的能力在一定程度上决定了财富的增长率和最终数额，这就要求每位金融活动参与者都要注重提升自身金融能力，增强投资分析和决策的前瞻性、精准性和收益率。

参考文献

[1] 黄达,张杰.金融学(第五版)[M].北京：中国人民大学出版社,2020.

[2] 卞志村.金融学(第3版)[M].北京：人民出版社,2018.

[3] 香帅.香帅金融学讲义[M].北京：中信出版社,2020.

[4] 武永梅.金融学从入门到精通[M].南昌：江西人民出版社,2017.

[5] 张亦春,郑振龙,林海.金融市场学(第六版)[M].北京：高等教育出版社,2020.

[6] 张卉妍.金融学一本通[M].北京：北京联合出版公司,2018.

[7] 罗凯.零基础读懂金融学[M].北京：中国商业出版社,2020.

[8] 弗雷德里克·S.米什金.货币金融学(第十二版).王芳,译[M].北京：中国人民大学出版社,2021.

[9] 李健.金融学(第三版)[M].北京：高等教育出版社,2018.

[10] 郑长德,伍艳.金融学：现代观点[M].北京：中国经济出版社,2022.

[11] 张成思.现代金融学——货币银行、金融市场与金融定价(第二版)[M].北京：中国金融出版社,2022.

[12] 米希尔·德赛.什么是金融.高源,译[M].北京：中信出版社,2021.

［13］彭兴韵.金融投资学通识[M].北京：中信出版社，2022.

［14］陈思进.投资的方法：来自华尔街的金融投资课[M].杭州：浙江大学出版社，2022.

［15］张蕙兰，王建辉.金融理论与实务（第三版）[M].北京：中国人民大学出版社，2019.

［16］宋光辉.金融工程实战术[M].上海：文汇出版社，2021.

［17］狄奥多拉·劳，布拉德利·莱默.普惠金融：科技引领商业变革.武云飞，译[M].北京：中国科学技术出版社，2022.